职业教育烹饪（餐饮）类专业"以工作过程为导向"
课程改革"纸数一体化"系列精品教材

PENGREN TIYU

烹饪体育

主　编　汤　男
副主编　赵　琦
参　编　（按姓氏笔画排序）
　　　　邢大亮　杨　晶　蒋时文

华中科技大学出版社
http://www.hustp.com
中国·武汉

内容简介

本教材是职业教育烹饪(餐饮)类专业"以工作过程为导向"课程改革"纸数一体化"系列精品教材。

本教材包括4个单元22个任务。内容包括职业健康、职业病预防与恢复、职业健体——功能性训练、职业健体——稳定性训练,每个任务由任务描述、学习目标、相关知识、任务实施、评价与检测、拓展练习、知识链接七个环节构成。

本教材可供职业学校烹饪(餐饮)类相关专业学生使用。

图书在版编目(CIP)数据

烹饪体育/汤男主编.—武汉:华中科技大学出版社,2020.11
ISBN 978-7-5680-6715-7

Ⅰ.①烹… Ⅱ.①汤… Ⅲ.①体育锻炼-中等职业学校-教材 Ⅳ.①G806

中国版本图书馆CIP数据核字(2020)第242860号

烹饪体育 汤 男 主编
Pengren Tiyu

策划编辑:汪飒婷
责任编辑:汪飒婷　郭逸贤
封面设计:原色设计
责任校对:李　琴
责任监印:周治超
出版发行:华中科技大学出版社(中国·武汉)　电话:(027)81321913
　　　　　武汉市东湖新技术开发区华工科技园　邮编:430223
录　　排:华中科技大学惠友文印中心
印　　刷:武汉科源印刷设计有限公司
开　　本:889mm×1194mm　1/16
印　　张:10
字　　数:242千字
版　　次:2020年11月第1版第1次印刷
定　　价:39.80元

本书若有印装质量问题,请向出版社营销中心调换
全国免费服务热线:400-6679-118　竭诚为您服务
版权所有　侵权必究

职业教育烹饪（餐饮）类专业"以工作过程为导向"
课程改革"纸数一体化"系列精品教材

编委会

主任委员

郭延峰　北京市劲松职业高中校长
董振祥　大董餐饮投资有限公司董事长

副主任委员

刘雪峰　山东省城市服务技师学院中餐学院院长
刘铁锁　北京市延庆区第一职业学校校长
刘慧金　北京新城职业学校校长
赵　军　唐山市第一职业中专校长
李雪梅　张家口市职业技术教育中心校长
杨兴福　禄劝彝族苗族自治县职业高级中学校长
刘新云　大董餐饮投资有限公司人力资源总监

委　员

王为民　张晶京　范春玥　杨　辉　魏春龙
赵　静　向　军　刘寿华　吴玉忠　王蛰明
陈　清　侯广旭　罗睿欣　单　蕊

总序

职业教育作为一种类型教育，其本质特征诚如我国职业教育界学者姜大源教授提出的"跨界论"：职业教育是一种跨越职场和学场的"跨界"教育。

习近平总书记在十九大报告中指出，要"完善职业教育和培训体系，深化产教融合、校企合作"，对职业教育的改革发展提出了明确要求。按照职业教育"五个对接"的要求，即专业与产业、职业岗位对接，专业课程内容与职业标准对接，教学过程与生产过程对接，学历证书与职业资格证书对接，职业教育与终身学习对接，深化人才培养模式改革，完善专业课程体系，是职业教育发展的应然之路。

国务院印发的《国家职业教育改革实施方案》（国发〔2019〕4号）中强调，要借鉴"双元制"等模式，校企共同研究制定人才培养方案，及时将新技术、新工艺、新规范纳入教学标准和教学内容，建设一大批校企"双元"合作开发的国家规划教材，倡导使用新型活页式、工作手册式教材并配套开发信息化资源。

北京市劲松职业高中贯彻落实国家职业教育改革发展的方针和要求，与大董餐饮投资有限公司及20余家星级酒店深度合作，并联合北京、山东、河北等一批兄弟院校，历时两年，共同编写完成了这套"职业教育烹饪（餐饮）类专业'以工作过程为导向'课程改革'纸数一体化'系列精品教材"。教材编写经历了行业企业调研、人才培养方案修订、课程体系重构、课程标准修订、课程内容丰富与完善、数字资源开发与建设几个过程。其间，以北京市劲松职业高中为首的编写团队在十余年"以工作过程为导向"的课程改革基础上，根据行业新技术、新工艺、新标准以及职业教育新形势、新要求、新特点，以"跨界""整合"为学理支撑，产教深度融合，校企密切合作，审纲、审稿、论证、修改、完善，最终形成了本套教材。在编写过程中，编委会一直坚持科研引领，2018年12月，"中餐烹饪专业'三级融合'综合实训项目体系开发与实践"获得国家级教学成果奖二等奖，以培养综合职业能力为目标的"综合实训"项目在中餐烹饪、西餐烹饪、高星级酒店运营与管理专业的专业核心课程中均有体现。凸显"跨界""整合"特征的《烹饪语文》《烹饪数学》《中餐烹饪英语》《烹饪体育》等系列公共基础课职业模块教材是本套教材的另一特色和亮点。大董餐饮投资有限公司主持编写的相关教材,更是让本套教材锦上添花。

本套教材在课程开发基础上,立足于烹饪(餐饮)类复合型、创新型人才培养,以就业为导向,以学生为主体,注重"做中学""做中教",主要体现了以下特色。

1. 依据现代烹饪行业岗位能力要求,开发课程体系

遵循"以工作过程为导向"的课程改革理念,按照现代烹饪岗位能力要求,确定典型工作任务,并在此基础上对实际工作任务和内容进行教学化处理、加工与转化,开发出基于工作过程的理实一体化课程体系,让学生在真实的工作环境中,习得知识,掌握技能,培养综合职业能力。

2. 按照工作过程系统化的课程开发方法,设置学习单元

根据工作过程系统化的课程开发方法,以职业能力为主线,以岗位典型工作任务或案例为载体,按照由易到难、由基础到综合的逻辑顺序设置三个以上学习单元,体现了学习内容序化的系统性。

3. 对接现代烹饪行业和企业的职业标准,确定评价标准

针对现代烹饪行业的人才需求,融入现代烹饪企业岗位工作要求,对接行业和企业标准,培养学生的实际工作能力。在理实一体教学层面,夯实学生技能基础。在学习成果评价方面,融合烹饪职业技能鉴定标准,强化综合职业能力培养与评价。

4. 适应"互联网+"时代特点,开发活页式"纸数一体化"教材

专业核心课程的教材按新型活页式、工作手册式设计,图文并茂,并配套开发了整套数字资源,如关键技能操作视频、微课、课件、试题及相关拓展知识等,学生扫二维码即可自主学习。活页式及"纸数一体化"设计符合新时期学生学习特点。

本套教材不仅适合于职业院校餐饮类专业教学使用,还适用于相关社会职业技能培训。数字资源既可用于学生自学,还可用于教师教学。

本套教材是深度产教融合、校企合作的产物,是十余年"以工作过程为导向"的课程改革成果,是新时期职教复合型、创新型人才培养的重要载体。教材凝聚了众多行业企业专家、一线高技能人才、具有丰富教学经验的教师及各学校领导的心血。教材的出版必将极大地丰富北京市劲松职业高中餐饮服务特色高水平骨干专业群及大董餐饮文化学院建设内涵,提升专业群建设品质,也必将为其他兄弟院校的专业建设及人才培养提供重要支撑,同时,本套教材也是对落实国家"三教"改革要求的积极探索,教材中的不足之处还请各位专家、同仁批评指正!我们也将在使用中不断总结、改进,期待本套教材能产生良好的育人效果。

职业教育烹饪(餐饮)类专业"以工作过程为导向"课程改革

"纸数一体化"系列精品教材编委会

前言

一、指导思想

中等职业学校体育与健康课程是各专业学生必修的公共基础课程。本课程是以身体练习为主要手段，以体育与健康的知识、技能和方法的传授为主要任务，以培养中等职业学校学生的体育与健康学科核心素养和促进学生身心健康发展为主要目标的综合性课程。本课程对于建设健康中国和人力资源强国，实现中华民族伟大复兴的中国梦具有重要意义。

二、内容结构

本教材以《中等职业学校体育与健康课程标准》(2020年版)为依据，结合中等职业学校烹饪专业学生职业素养发展的需求，培养学生运动爱好和专长，使学生养成终身体育锻炼的习惯，形成健康的行为与生活方式。教材包括"职业健康""职业病预防与恢复""职业健体——功能性训练""职业健体——稳定性训练"四个单元，共22个任务，每个任务由任务描述、学习目标、相关知识、任务实施、评价与检测、拓展练习、知识链接七个环节构成。

三、教材特点

（1）以《中等职业学校体育与健康课程标准》(2020年版)为依据，结合烹饪专业学生实际需求构建本教材。教材内容以健身方法和运动法则为主线，把适合烹饪专业学生健身运动的各种肌肉锻炼项目，经过处理使之成为健身知识技能的教材内容，并与营养、卫生、常见病预防、心理心态调适等内容进行整合，内容安排由浅入深、螺旋式排列，符合中职学生身心发展规律及学段要求。

（2）充分体现职业教育教学特色，理论与实践相统一，显性教育和隐性教育相统一。教材图文并茂，任务实施过程介绍详细具体，突出做中学、做中教，每课时均配有相应的实践活动，可以最大限度满足需求的多样性，能促进学生提高终身体育锻炼的意识。

（3）突出"纸数一体化"设计，借助信息化资源突破学习难点。教材中四个单元的学习任务都有配套的动作图片和视频,扫二维码即可观看。这为教师教学、学生自学提供了重要资源。资源中还专门有关键技能点视频操作讲解,利于师生借助信息化手段突破学习难点,提升学习效果。

  本教材由汤男担任主编,负责编写职业健体——稳定性训练单元;杨晶负责编写职业健康单元的任务一至任务四的内容;赵琦负责编写职业健体——功能性训练单元;邢大亮负责编写职业病预防与恢复单元的任务一至任务四的内容;蒋时文负责编写职业健康单元中任务五的内容和职业病预防与恢复单元中任务五的内容。

  本教材的编写得到了北京市课改专家杨文尧校长、朝阳区教研中心职成教研室张俊英主任的大力支持;得到了北京市劲松职业高中学校范春玥主任、赵静主任的鼎力帮助;本教材的出版也融入了华中科技大学出版社编辑的心血,在此一并表示衷心的感谢。

  本教材可供旅游服务专业群中的餐饮、烹饪等相关专业教学使用,也可供酒店、餐馆等在职的烹饪人员作为日常保健锻炼的手册使用。

  由于编者水平有限,本教材难免有疏漏和不足之处,敬请广大读者提出宝贵意见和建议。

编 者

数字资源清单

第一单元			
名称	页码	名称	页码
皮褶厚度的测量	5	第四天练习-2	19
用水瓶代替哑铃训练-1	17	第四天练习-3	19
用水瓶代替哑铃训练-2	17	第五天练习-1	19
5个练习动作-1	17	第五天练习-2	19
5个练习动作-2	17	第五天练习-3	19
5个练习动作-3	17	第五天练习-4	19
5个练习动作-4	17	第六天练习	19
5个练习动作-5	17	哑铃俯身侧平举	25
第一天练习-1	19	哑铃侧平举	25
第一天练习-2	19	哑铃推肩	25
第一天练习-3	19	哑铃单臂划船	25
第二天练习-1	19	仰卧交替卷腹	25
第二天练习-2	19	杠铃划船	25
第四天练习-1	19		

第二单元			
名称	页码	名称	页码
放松疲劳组织操作示范	42	缩颈提肩运动操作示范	50
牵拉紧张肌群操作示范	42	颈部左右侧屈抗阻训练操作示范	50
向外翻操作示范	43	颈部后伸抗阻训练操作示范	51
正向翻初级阶段操作示范	43	平板支撑操作示范	55
正向翻高级阶段操作示范	43	腹部拉伸操作示范	56
反向翻操作示范	44	仰卧起操作示范	56
向内翻操作示范	44	两头起操作示范	56
颈部左右侧屈训练操作示范	49	卷腹操作示范	57
颈部前屈后伸训练操作示范	49	"飞燕"计划操作示范	57
颈部旋转训练操作示范	49	五点支撑法操作示范	57
颈椎椎体旋转运动操作示范	49	静态拉伸操作示范	58

续表

第三单元				
名称	页码		名称	页码
坐姿哑铃手腕翻转操作示范	68		杠铃站立弯举操作示范	85
坐姿哑铃手腕下压操作示范	68		锤式哑铃弯举操作示范	86
反手握哑铃或杠铃托臂弯举操作示范	69		托板弯举操作示范	86
杠铃片(重物)手腕旋转操作示范	69		俯坐弯举操作示范	87
反握哑铃平板手腕弯举操作示范	73		哑铃弯举操作示范	88
站姿杠铃片单手提拉操作示范	73		杠铃颈后臂屈伸操作示范	92
背面站姿反握杠铃手腕弯举操作示范	74		单臂颈后臂屈伸操作示范	92
坐姿哑铃推举操作示范	78		仰卧杠铃臂屈伸操作示范	93
阿诺推举操作示范	79		哑铃俯身臂屈伸操作示范	93
杠铃直立划船操作示范	79		凳上反屈伸操作示范	94
哑铃侧平举操作示范	80		窄距俯卧撑操作示范	95
杠铃/哑铃耸肩操作示范	81			

第四单元				
名称	页码		名称	页码
健身球上卷腹操作示范	102		双臂哑铃过顶深蹲操作示范	117
下斜卷腹操作示范	103		自由重量练习杠铃下蹲操作示范	118
平板卷腹操作示范	103		器械卧式腿弯举操作示范	123
绳索卷腹操作示范	104		自由重量练习硬拉操作示范	124
反向卷腹操作示范	104		后踢腿操作示范	124
上斜反向卷腹操作示范	105		仰卧臀桥操作示范	125
健身球上侧向卷腹操作示范	105		趾长伸肌、胫骨前肌负重操作示范	129
山羊挺身操作示范	110		平衡器训练操作示范	130
负重哑铃体侧屈操作示范	110		踇长伸肌训练操作示范	130
杠铃站姿转体操作示范	111		腓骨长、短肌训练操作示范	131
屈腿硬拉操作示范	112		坐姿提踵操作示范	135
俯卧两头起操作示范	112		负重站姿提踵操作示范	136
器械练习伸展腿操作示范	116		无负重站姿提踵操作示范	136
器械练习史密斯机器下蹲操作示范	117			

目录 CONTENTS

- 1　第一单元　职业健康
  - 3　　　任务一　体重与身体成分
  - 9　　　任务二　能量平衡与体重控制
  - 16　　　任务三　科学减肥
  - 22　　　任务四　科学增重
  - 28　　　任务五　积极心理健康

- 33　第二单元　职业病预防与恢复
  - 35　　　任务一　咽炎的预防与恢复
  - 40　　　任务二　网球肘的预防与恢复
  - 47　　　任务三　颈椎病的预防与恢复
  - 54　　　任务四　腰肌劳损的预防与恢复
  - 60　　　任务五　疏解心理紧张情绪

- 65　第三单元　职业健体——功能性训练
  - 67　　　任务一　前臂肌肉的锻炼方法
  - 72　　　任务二　腕部肌肉的锻炼方法
  - 77　　　任务三　肩部肌肉的锻炼方法
  - 84　　　任务四　肱二头肌的锻炼方法
  - 91　　　任务五　肱三头肌的锻炼方法

第四单元　职业健体——稳定性训练　　99

　　任务一　腹部肌肉的锻炼方法　　101
　　任务二　腰部肌肉的锻炼方法　　109
　　任务三　大腿前侧肌肉群的锻炼方法　　115
　　任务四　大腿后、内侧肌肉群的锻炼方法　　122
　　任务五　小腿前侧肌肉群的锻炼方法　　128
　　任务六　小腿后侧、内侧肌肉群的锻炼方法　　134
　　任务七　HIIT核心功能练习　　139

第一单元
职业健康

单元导读

案例导入

烹饪专业学生长期从事厨房岗位工作，高强度、长时间的工作节奏，高温、高油烟的工作环境，饮食不规律的生活习惯，会导致身体逐渐出现如体型变化、体重超重或者过低等问题，也会在处理人际关系、适应岗位工作、解决生活琐事等方面出现一些不良心理问题，给生活和工作带来一定的困扰，因此需要了解自我身体和心理健康状态，学会科学锻炼身体和调控心理，以便更好地完成烹饪工作。

学习目标

1. 了解身体和心理健康指标内容，知道测量和计算常用指标的方法，懂得通过心理和身体调理手段促进健康的原则和方法。

2. 能进行基本身体成分和心理指标的测量，会计算能量平衡的指标，学会使用指标判断个人的身体和心理状况，能够根据指标制订健康计划并实施。

3.具有积极主动的学习态度，与他人合作的意识，能关心、尊重他人；形成自我健康的意识，学会健康文明的生活方式，培养积极进取的人生态度。

▶ 学习方法与要求

1.明确学习任务，制定学习目标，充分理解知识点内容和含义，用好学习资源，通过信息化手段查找相关资料，扩充知识内容，提高知识的掌握程度。

2.参与任务实施，根据学习目标选择实施任务，主动与同学配合完成任务，重视互动时的信息反馈和建议，及时总结反思，判断自定目标的达成度，进行健康计划修订。

3.坚持学以致用，养成良好的锻炼和学习习惯，及时调整自身的身体和心理状况，同时提醒和帮助他人，共同形成自我健康的意识。

任务一

体重与身体成分

▶ 任务描述

了解自己的身体成分指标,根据指标做出健康评价。

▶ 学习目标

1. 了解身体成分构成和衡量健康的基本指标,知道测量身体成分基本指标的方法。

2. 会使用工具测量身体成分,能计算自己的指标数值,并参照指标判断个人身体成分的状态。

3. 具有克服困难、与他人团结协作的意识,养成严谨、细致的学习习惯。

▶ 相关知识

一、体重

体重是裸体或穿着已知重量的工作衣称量得到的身体重量,男性标准体重:(身高(cm)－80)×70%(kg);女性标准体重:(身高(cm)－70)×60%(kg),标准体重上下浮动10%为正常体重。体重偏低或偏高是不健康的表现,体重偏低容易出现乏力、畏寒、抵抗力下降等不良反应。体重偏高者出现糖尿病、心脑血管疾病,甚至癌症等疾病的风险明显增加。

体重虽然是衡量身体的一项重要指标,但身体健康状况不单单是看体重,要衡量身体健康状况需要了解身体成分,以及身体成分的多项指标。

烹饪人员由于狭窄、高温等不良工作环境和饮食不规律等原因,超重现象比较普遍,因此烹饪一线人员应当经常测量体重及其他身体成分指标,掌握自身体重和指标的变化,保持身体健康。

二、身体成分

(一)身体成分的含义

身体成分指的是身体脂肪组织和非脂肪组织在体重中所占的百分比。

通常状况下,人的身体主要是由水、蛋白质、脂肪、无机物四种成分构成,普通成年人的正常比例:水占55%,蛋白质占20%,脂肪占20%,无机物占5%。这是实现人体成分均衡和维持身体健康状况的一个最基本的条件。身体成分见图1-1-1。

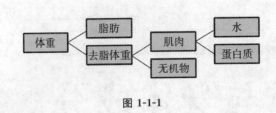

图 1-1-1

(二)监测身体成分的意义

身体成分的不均衡将会导致肥胖、营养不良、骨质疏松、水肿等疾病,定期监测身体成分,观察自己身体构成的变化,了解脂肪、肌肉在体内的分布情况,可以保持身体在健康状态。因此,身体成分被认为是与健康相关的体质评定指标,用它可以监测营养状况、体液平衡状况,评价生长发育等,在临床和基础研究中具有重要价值,在减肥、健身和运动员控制体重等方面也都有十分重要的意义。

(三)身体成分指标

身体成分指标是指体质测试的指标,包含体重、脂肪重量、体脂率(BFR)、体重指数(BMI)、腰臀比、皮褶厚度、总能量消耗、内脏脂肪指数、基础代谢率等指标,通过得出的身体成分比例、肥胖度、基础代谢量、肌肉含量、脂肪率、锻炼习惯等情况,来判定和监测身体健康状况。

1. 体脂率(BFR) 体脂率是体内脂肪占人体总重量的百分比。体脂过多,会造成肥胖,严重影响健康。体脂过少也会危害人体健康,如长期节食、营养不良、厌食症及其他疾病造成体脂过少时,人体出现代谢紊乱、身体功能紊乱,严重者可导致死亡。

体脂率 $= 1.2 \times BMI + 0.23 \times$ 年龄 $- 5.4 - 10.8 \times$ 性别(男为 1,女为 0)。

评判标准:男性 30 岁以下为 14%~20%,30 岁以上为 20%~23%;女性 30 岁以下为 17%~24%,30 岁以上为 24%~27%。若男性体脂率超过 25%,女性超过 30% 则可判定为肥胖。

2. 体重指数(BMI) 体重指数是反映人体充实程度的整体指标,体重指数过小可作为营养不良或患有疾病的重要特征,体重指数过大,出现不同程度的肥胖,会对人体健康造成危害。BMI 是目前国际上常用的衡量人体胖瘦程度以及是否健康的一个标准。

体重指数 $(BMI) =$ 体重$(kg) \div$ 身高$^2(m^2)$。

评判标准:过小,低于 18.5;正常,18.5~24.99;过大,25~28;肥胖,28~32;非常肥胖,高于 32。

3. 腰臀比 腰臀比是腰围和臀围的比值,是判定中心性肥胖的重要指标,又是评价体型是否匀称的重要指标。腰臀比计算公式:腰臀比 $=$ 腰围$(cm) \div$ 臀围(cm)。腰臀比的标准理想比值:男性为 0.85~0.90;女性为 0.75~0.80。低于标准则表现为梨形肥胖,高于标准则表现为苹果形肥胖。烹饪员工苹果形肥胖比例较多,肚子脂肪堆积较多,腰臀比明显超标。

腰围达标值:男性 <85 cm,女性 <80 cm。那些体重达标的人,如果腰上堆积太多脂肪,也同样有较高的心脏病发病风险。久坐不动、饮食不良以及遗传因素是造成水桶腰的主要原因。男性腰围 $\geqslant 85$ cm,女性腰围 $\geqslant 80$ cm 即为超标。腰围超标的人应尽快改变生活方式,每天锻炼半小时以上,每周至少 5 天做中等强度的快走、慢跑等有氧运动。同时,戒烟限酒、合理膳食、少吃高油脂食物,多吃蔬菜、水果等。

> **小贴士**
>
> 梨形肥胖:脂肪主要沉积在臀部及大腿部,上半身不胖下半身胖,状似梨。
>
> 苹果形肥胖:脂肪主要沉积在腹部的皮下及腹腔内,细胳膊、细腿、大肚子,状似苹果,又称腹部型肥胖、男性型肥胖、内脏型肥胖。

4. 皮褶厚度 皮褶厚度和体脂含量间有相关关系,皮褶厚度是推断全身脂肪含量、判断皮下脂肪发育情况的一项重要指标,可用X线、超声波、皮褶卡钳等测量,通过测量值估计人体体脂的百分比,从而判定肥胖程度,常用部位有上臂外侧三角肌(代表四肢)和肩胛骨下角处(代表躯体)。男性大于51 mm,女性大于70 mm就可以认为是肥胖。

任务实施

1. 分组测量皮褶的厚度

(1) 测量工具。

使用皮褶厚度仪(图1-1-2),先调节"0"位:使用前用手转动调整"0"位盘,将圆盘内指针调整到刻度表上的"0"位。

调节压力:左手持皮褶厚度仪呈水平位置,在皮褶厚度仪的下方测试臂顶端的小孔上挂200 g重量的砝码,再使皮褶厚度仪下主弓形臂的根部与该臂顶端的接点呈水平线,此时观察圆盘内指针,调节旋钮,将压力调节到国际规定的范围。

图1-1-2

(2) 测量方法。

被测量者自然站立,暴露身体的测量部位。测量时,检查者右手持皮褶厚度仪,左手拇指和食指指距3 cm,以指腹捏起测量部位的皮肤及皮下组织,轻轻捻动皮褶,使之与肌肉分离,将两钳头置于手指下方夹住皮褶,待指针稳定后立即读数,以mm为单位,精确到小数点后1位(图1-1-3、图1-1-4)。

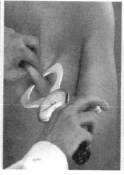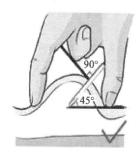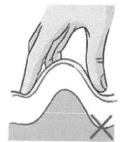

图1-1-3　　　　　　　　　　　　　　图1-1-4

正确方法:用拇指和食指(或加上中指)捏起皮肤　　错误方法:用多个手指捏起皮肤,这样可能会捏起肌肉层

测量部位:测量时取身体的右侧部位,建议测量肩胛骨下角处和上臂外侧三角肌两个部位。

肩胛骨下角处位于背部左肩下和右肩下。

(3) 注意事项。

①每个部位应重复测量两次,两次所测的数值误差不应超过5%。

②测量时要把皮肤与皮下组织一起捏提起来,但不能把肌肉捏提起来。

③测量前应将皮褶厚度仪校准。测量过程中,卡钳的刻度盘和钳口压力应经常校正。

2. 分组测量体重和身高

(1) 测量工具。带有身高尺的体重秤(图1-1-5),包括表盘、测试台面、身高尺等部件。测量身高时用左手按住拉杆底部,右手抓住拉杆向上拉,直到测量部分大于身高时停止。接着用右手抓住最下面的一节向下按,让上部第一节顶托顶住头顶,测量身高,读取刻度数值。体重数值直接读取。

(2) 测量方法。赤足背向站在体重秤的底板上,躯干自然挺直,头部正直,两眼平视前方,手臂自然下垂,两腿伸直,两足并拢,保持三点一线,以cm为单位,精确到小数点后1位(图1-1-6)。

图1-1-5

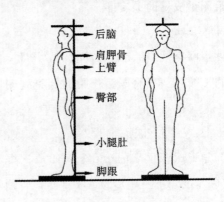
图1-1-6

(3) 注意事项。

①水平压板与头部接触松紧要适度。

②体重秤要靠墙、水平放置。

3. 分组测量腰围和臀围

(1) 测量工具。

没有弹性、最小刻度为1 mm的软尺(图1-1-7)。

(2) 测量方法。

①测量腰围:被测量者取垂直站立姿势,双足分开25～30 cm,使体重均匀分布,平稳呼吸,用一个软尺放在右侧腋中线髋骨上缘和第12肋下缘连线的中点(通常是腰部的天然最细部位),沿水平方向围绕腹部一周,紧贴而不压迫皮肤进行测量。测量单位为cm,精确到小数点后1位。

②测量臀围:两腿并拢直立,两臂自然下垂,软尺水平放在前面的耻骨联合和背后臀大肌最凸处,测量臀围的最大周径。测量单位为cm,精确到小数点后1位(图1-1-8)。

(3) 注意事项。

①软尺必须与地面保持平行,找准测量位置,测量腰围时不要收腹,呼吸要平稳。

②尽量保持穿着单薄,不要穿太多以及太厚的衣服,以免产生太大的误差。

第一单元 职业健康

图 1-1-7

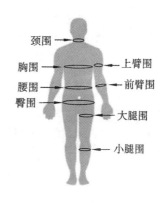

图 1-1-8

4. 记录身体成分各指标,完成每个人的数据表

(1) 基本数据。

性别	年龄	身高	体重	皮褶厚度		腰围	臀围
				肩胛骨下角处	上臂外侧三角肌		

(2) 计算体脂率(BFR)、体重指数(BMI)、腰臀比、皮褶厚度的数值。

年龄	性别	BFR	BMI	腰臀比	皮褶厚度

(3) 按照评价标准进行自我身体成分综合评价。

指标	BFR	BMI	腰臀比	皮褶厚度
数值				
评价				
综合评价				

评价与检测

一、评价

评价内容及标准	赋分/分	等级(请在相应位置画"√")			
		优秀	较优秀	合格	待合格
能说出身体成分构成和健康指标的内容	30	30	25	20	15
会用仪器进行指标的测量,能计算指标并判断个人的身体状况	50	50	40	30	20
能够克服困难完成学习任务,具有严谨细致的学习态度	20	20	15	10	5
总分	100	实际得分:			

二、检测练习

(1) 常用身体成分指标有 ＿＿＿＿＿、＿＿＿＿＿、＿＿＿＿＿、＿＿＿＿＿。

(2) 测量获得 BMI 指数，计算公式是 ＿＿＿＿＿＿＿＿＿＿＿＿。

拓展练习

参考用软尺测量腰围、臀围的方法，测量一下身体其他部位的数值，评判身体情况。

1. 颈围　达标值：男性＜38 cm，女性＜35 cm，一般颈围与小腿围相等。

测量方法：将软尺水平置于颈部最细的部位进行测量，即颈后第七颈椎上缘（低头时摸到的颈后最突起处），至前面的喉结下方。

测量颈围是判断人体上半身脂肪的方法之一，而上半身脂肪与心脏病密切相关。脖子变粗意味着血脂异常的可能性更大，患心脏病的风险更高，双下巴、脖子短粗都可能是心脏不健康的信号。

2. 大腿围　达标值：46～60 cm。

测量方法：用软尺水平围绕在大腿的最上部位，臀折线下进行测量。

一般大腿和小腿的粗细没有统一的健康标准，只要整体身材匀称即可，但大腿要比小腿粗一些。大腿围可能和心肌的重量成正比，大腿越细，心肌重量也越轻。大腿太粗，肥胖的概率会增加。

3. 小腿围　达标值：＞33 cm。

测量方法：用软尺水平围绕小腿最丰满处进行测量。

小腿围小于 33 cm 的女性，患有颈动脉斑块的风险相对更高，这是中风的一个已知风险因素。所以小腿太细对健康不利，尤其是女性，应适当运动强健小腿肌肉。

知识链接

其他身体成分指标

1. 基础代谢　基础代谢是指人体维持生命的最低能量代谢，是人在极度安静且清醒的状态下，不受肌肉活动、环境温度、食物及精神紧张等影响时的能量代谢率（kcal/d），通常在早晨起床清醒的时刻测得。适量运动有助于提高人体的基础代谢率，而节食会降低人的基础代谢率。

2. 内脏脂肪指数　内脏脂肪指数（VFI）标准：0～1 偏低，1.1～2 标准，2.1～9 偏高，＞9 较高。内脏脂肪指数表示内脏周围脂肪面积大小的等级。肥胖分为内脏型肥胖和外周型肥胖，大量研究充分证实，内脏型肥胖者与外周型肥胖者相比，发生糖尿病、高脂血症、冠心病、脑血管疾病的危险性高，内脏型肥胖在代谢综合征中扮演了极其重要的角色。

任务二

能量平衡与体重控制

≡▶ 任务描述

　　一些同学希望通过控制饮食和合理运动达到控制体重的目的,在实施中要注意能量的平衡,在保证身体正常运转情况下,达到控制体重的目的。

≡▶ 学习目标

　　1. 知道人体能量平衡的相关知识,了解能量平衡和控制体重的关系。
　　2. 会用能量平衡指标计算能量,知道用指标进行能量调节。
　　3. 能增强自我健康意识,有乐观进取的生活态度、认真严谨的钻研精神。

≡▶ 相关知识

一、能量平衡与体重控制

　　能量平衡是指在一定时段内,人体中的能量相对保持平衡,输入和输出人体能量之比等于人体内蓄存能量的变化,国际上通常以焦耳(J)作为热能的计量单位。

　　当摄入的能量大于消耗的能量时,就是能量过剩。过剩的能量可在体内转化为脂肪而沉积下来。如果人体又处于活动量很小的情况,大多会偏胖。人体发胖就可能进一步导致高血压、高脂血症、糖尿病、冠心病、脂肪肝、痛风等诸多病症。

　　当摄入的能量小于消耗的能量时,就是能量不足。在这种情况下,之前体内所储存的脂肪就会被动员起来为身体提供能量,于是体重就会因此而减轻。长期保持这种情况,体内原来储备的糖原、脂肪甚至肌肉,就会因此而逐渐损耗,可能导致贫血、神经衰弱、免疫力下降等。

　　厨师的工作辛苦、繁重,工作中会消耗大量的体能,因此身体需要通过饮食补充能量来保证工作的完成。同时,工作等多方面的原因又可造成超重,需要控制体重,减少摄入量,因此需要了解能量平衡与体重控制的关系。

二、人体能量输出

　　人体从食物中摄取能量以供给活动的需要,主要包含基础代谢、劳动代谢和食物特殊动力作用三个方面的输出。维持身体基础代谢需要的能量占 65%,劳动代谢约占 25%,食物特殊动力作用占 10%。每天从食物中摄取的能量,三分之二用于维持身体基本生理活动。

(一) 能量输出的指标

1. 基础代谢率 基础代谢(BM)是指在基础状态下单位时间内的能量代谢。人体在18～25℃下,空腹、平卧并处于清醒、安静的状态称为基础状态。此时,维持心跳、呼吸等基本生命活动所必需的最低能量代谢,用基础代谢率(BMR)来表示。基础代谢率随着性别、年龄、身高、体重、健康状况等不同而有生理变化,男性的基础代谢率平均比女性高,儿童比成人高。年龄越大,基础代谢率越低。

2. 能力活动水平 劳动代谢是在生产与生活中全部体力活动的能量消耗,体力活动是影响机体能量消耗的主要部分,常见的中等劳动,其耗能量是基础代谢的4～5倍,重劳动是基础代谢的7～8倍,有的极重劳动可达基础代谢的14～15倍,通常用能力活动水平(PAL)来反映,可以分为如下几类。

体力劳动强度	工作内容举例	PAL 男	PAL 女
轻劳动	办公室工作、修理电器及钟表、售货员工作、酒店服务员工作、讲课等	1.55	1.56
中等劳动	学生日常活动、驾驶员工作、电工安装、车床操作、金工切割等	1.78	1.64
重劳动	非机械化农业劳动、炼钢、舞蹈、体育运动、装卸、采矿等	2.1	1.8

3. 食物特殊动力作用 食物特殊动力作用(TEF)即食物热力作用,是指人体因为消化、代谢、吸收食物而额外消耗的能量。其与进食的总能量无关,而与食物的种类有关,一般相当于基础代谢的10%。

(二) 能量输出的计算

1. 精确性计算 可以通过记录一天的总活动或者确定工作的强度,按照三个指标内容,分步骤计算出一天的能量消耗量。

第一步:计算基础代谢时所需的BMR。

BMR(男)=13.7×体重(kg)+5.0×身高(cm)−6.8×年龄+66。

BMR(女)=9.6×体重(kg)+1.8×身高(cm)−4.7×年龄+655。

第二步:计算劳动代谢所需的能量。

体力活动能量消耗=0.95×BMR×能力活动水平(PAL),PAL可以是总活动的水平,也可以是某一时段的水平,通常会给出PAL的标准,一般范围是1.55～2.1。

不同的体重,做同一种运动消耗的能量是不一样的。如果想要精准地算出运动消耗,方法为体重×对应运动每千克体重活动1分钟的能量消耗×运动时间。例如:如果体重50 kg,跳绳30分钟,在表中查到跳绳消耗的能量是0.13 kcal/(min·kg),能量就是50×0.13×30 kcal=195 kcal。

第三步:计算食物特殊动力消耗的能量。

食物特殊动力消耗的能量 = 10%×(人体基础代谢需要的最低能量+体力活动所需要的能量)。

2. 快速简易计算方法

(1) 查表找到工作岗位的劳动强度分类(中国预防医学科学院劳动卫生与职业病研究所国

家标准《体力劳动强度分级》1997年修订)。

体力劳动强度分级	职 业 描 述
Ⅰ（轻劳动）	坐姿：手工作业或腿的轻度活动(正常情况下，如打字、缝纫、脚踏开关等)；立姿：操作仪器，控制、查看设备，上臂用力为主的装配工作
Ⅱ（中等劳动）	手和臂持续动作(如锯木头等)；臂和腿的工作(如开卡车、拖拉机或处理建筑设备等运输操作)；臂和躯干的工作(如锻造、风动工具操作、粉刷、间断搬运中等重物、除草、锄田、摘水果和蔬菜等)
Ⅲ（重劳动）	臂和躯干负荷工作(如搬重物、铲、锤锻、锯刨或凿硬木、割草、挖掘等)
Ⅳ（极重劳动）	大强度的挖掘、搬运，快到极限节律的极强活动

（2）查找每日膳食中营养素供给量表(参考中国营养学会1988年10月修订)，根据对应的年龄段、性别、工作强度，找到能量需要值。

类　　别	体重/kg		能量需要值/(kcal 或 MJ)	
少年				
13岁～	42.0	42.4	2400(10.0)	2300(9.6)
16岁～	54.2	48.3	2800(11.7)	2400(10.0)
成年				
18岁～	63(参考值)	53(参考值)		
极轻劳动			2400(10.0)	2100(8.8)
轻劳动			2600(10.9)	2300(9.6)
中等劳动			3000(12.6)	2700(11.3)
重劳动			3400(14.2)	3000(12.6)
极重劳动			4000(16.7)	—
孕妇(4～6个月)			+200(+0.8)	
孕妇(7～9个月)			+200(+0.8)	
老年前期				
45岁～				
极轻劳动			2200(9.2)	1900(8.0)
轻劳动			2400(10.0)	2100(8.8)
中等劳动			2700(11.3)	2400(10.0)
重劳动			3000(12.6)	—

三、能量供给

要想保证每天身体正常运转，就需要足够能量。供给人体的能量是由食物中的产热营养素提供的，食物中能产生热量的营养素有蛋白质、脂肪和碳水化合物，它们经过氧化产生热量供身体维持生命、生长发育和运动,热量供给过多时,多余的热量就会变成脂肪储存起来,时间久了,身体就胖起来了。

(一)营养素

营养素是指食物中可给人体提供能量、机体构成成分和组织修复以及生理调节功能的化学成分。人体所必需的营养素有蛋白质、脂肪、糖、无机盐(矿物质)、维生素、水和膳食纤维等。其中人体依靠糖、脂肪和蛋白质三大营养素供给能量。这三种物质在氧化的过程中,释放大量的能量供机体使用。维生素、矿物质、膳食纤维以及各种饮用水、氧气只提供营养,不产生热量,自然也不会导致肥胖。

(二)热能摄入量计算

人体三大营养素中,每克糖类(碳水化合物)可以产生 4.10~4.35 kcal 热量;每克蛋白质可以产生约 4.35 kcal 热量;每克脂肪可以产生约 9.45 kcal 热量,一般成年男性应保证每天所需热量 2000~2400 kcal,女性约低 5%,中等体力劳动者约需 3500 kcal,重体力劳动者约需 4000 kcal。老年人比中青年人低 10%~15%,即只需 1700 kcal 左右。

热能单位:kcal,1 kcal = 1000 cal(也有食品标注的是 kJ)。

热能系数:1 g 营养素在体内氧化所产生热能的数量,即 kcal/g。

可以通过下面快速的方法计算出来:

(1) 通过网络可直接查出 100 g 食物产生热能的数量,得出食物的热量。

例如:输入"面包+空格键+热量",可以查出每 100 g 面包热量为 266 kcal/100 g。

　　　输入"苹果+空格键+热量",可以查出每 100 g 苹果热量为 52 kcal/100 g。

(2) 将所有食物的热量相加得出总热量。

例如:100 g 面包和 100 g 苹果的热量就是 266+52 kcal=318 kcal。

采用以上方法进行快速计算,既简便又实用,每天所吃食物的热量都可以计算出来。

四、能量平衡调节

(一)能量平衡分析

根据每个人年龄、性别、体重、劳动强度等情况的能量需要,按照计算出的每天能量供给,分析是否可满足机体能量需求,从而通过减少或者增加食物摄入量来调控能量平衡。能量平衡分析通常需要进行体重控制。

(二)体重控制

1. 科学饮食　每种食物均有独特的营养成分,科学饮食帮助人们正确认识食物营养素,养成良好的饮食习惯及饮食方法。通过抑制食欲、拒绝食物、单一饮食等多种方式来控制体重的饮食方式是错误的,均衡的营养是成就健康体魄的基础,中国居民膳食指南要求人体每日需摄入 30 余种不同健康食材,以保证身体的营养充足。能量摄取的理想平衡是 60%糖类、15%蛋白质、25%脂肪。烹饪专业学生需要避免因为工作紧张而出现饮食单一的问题,否则不仅会出现肥胖问题,还会出现肠胃不适症状。

2. 低热量饮食　当降低能量的摄入时,身体开始的反应是出现饥饿感,身体对此出现的适应是降低体内能量的消耗,以此保持体内能量的储存。

3. 适量运动 人类每天应坚持60分钟左右低强度、有节奏的有氧运动,氧气的参与能最大限度地消耗能量、加速代谢、燃烧脂肪。运动锻炼有助于在减少脂肪的同时控制体重,在这种情况下身体内体脂率的变化比单独控制饮食要快,但要注意不要过量有氧运动,否则易使肌肉过度劳累,影响人体健康。烹饪专业学生长时间站立工作不代表进行了适量的运动,需要有意识地进行有氧运动、器械练习,以改善身体状况。

4. 运动后补糖 持续1~3小时的中等强度的运动时,应及时补充糖分以免出现低血糖,帮助身体尽快缓解疲劳和促进体力恢复。可以选择甜饮料、掺水的果汁等,最好是为运动补糖的专业运动饮料。对于减肥者来说,遵守少量多次的原则,不能过多补糖,因为糖容易转化成脂肪,一次摄入的糖以每千克体重1 g为宜。

≡▶ 任务实施

根据自己的体重,用精确的计算方法计算烹饪工作每天消耗的能量和每日摄入的能量,完成平衡分析。实施步骤如下:

1. 计算能量输出

(1) 按表计算BMR数值。

(2) 查表,烹饪工作属于轻体力劳动,PAL为1.6。

(3) 总能量消耗为BMR和PAL的乘积。

2. 计算每天能量摄入

(1) 根据自己早中晚三餐和日常食物摄入,通过网络可直接查出100 g食物产生的热量,计算全天进食食物的热量。

(2) 计算一天食物的热量,并填写表格。

项目	食物	所吃食物产生热量/kcal
早餐		
午餐		
晚餐		
其他		
合计		

3. 分析自己身体能量平衡情况 根据上面的计算,分析自己的能量平衡情况,分析每日能量摄入是满足热量需求还是超出热量需求。

评价与检测

一、评价

评价内容及标准	赋分/分	等级(请在相应位置画"√")			
		优秀	较优秀	合格	待合格
能说出能量平衡的主要要素,说出几种指标的计算方法	30	30	25	20	15
会计算每天供给和输出能量,分析身体平衡状况	50	50	40	30	20
能够积极乐观地完成学习任务,具有严谨、细致的学习态度	20	20	15	10	5
总分	100	实际得分:			

二、检测练习

(1) 基础代谢率的公式为:_____。

(2) 能量平衡的主要要素为:_____和_____。

拓展练习

用简易计算方法,通过查找相关数据表,计算餐厅服务员每天消耗的能量和每日摄入的能量,完成能量平衡分析。

(1) 查表找到工作岗位对应的劳动强度。

(2) 查找每日膳食中营养素供给量表,根据对应的年龄段、性别、工作强度,找到需要的能量值。

(3) 根据给出的虚拟数据,计算每天能量摄入值。

食物	数量	所吃食物产生热量/kcal
米饭	稻米 100 g	
金银卷	小麦粉 30 g	
	玉米面 20 g	
煮鸡蛋	50 g	
牛奶	250 g	
面包	100 g	
苹果	100 g	
酥炸鱼排	鳕鱼 80 g	
	菜籽油 5 g	

续表

食物	数量	所吃食物产生热量/kcal
腐竹芹菜	芹菜 125 g	
	腐竹 20 g	
	菜籽油 5 g	
青椒土豆片	土豆 100 g	
	柿子椒 30 g	
	菜籽油 5 g	

（4）分析身体能量平衡情况。

知识链接

日常控制热量的技巧

1. 控制食量 每餐只吃七八分饱，放慢进食的速度，并在可吃可不吃的时候停止进食。专心地进食，细致地咀嚼，才能自然地控制食物热量。同时要注意减少富含脂肪的主食类食物（如方便面、蛋糕、点心等）的摄入。

2. 控制隐性脂肪 很多零食（如薯条、饼干等）含有大量隐性脂肪，其中一些还含有反式脂肪酸。天然食物只要吃起来口感特别香，就有可能含有大量脂肪，属高热量食物。

3. 限制甜味的饮料 不管是哪种饮品，基本都是以水、糖为主，饮料中的糖含有较多的热量，摄入后并不会产生饱的感觉，很容易过量摄入，无形中会增加很多热量。因此可以选择白开水、矿泉水、各种自泡茶饮等。

任务三

科学减肥

≡▶ 任务描述
为有需要减肥的同学制订一个科学有效的减肥方案,以降低体重,减掉脂肪,恢复身体活力。

≡▶ 学习目标
1. 了解减肥的原则和方法,知道饮食、运动与减肥的关系,知道合理的饮食和锻炼方法。
2. 能根据所学的合理的饮食和锻炼方法制订减肥方案,并跟踪观察效果。
3. 增强自我健康意识,能积极解决问题,具有勇于克服困难、不气馁的品质。

≡▶ 相关知识
科学减肥指的是用科学、健康、安全的方法以减少人体过度的脂肪、体重为目的的行为方式。减肥的根本原则:一方面,不仅要减少摄入的热量,还要动用和消耗体内积聚的脂肪;另一方面,要强调平衡的营养,防止新的脂肪组织的生成。因此,要制订科学的减肥方案,包括合理的饮食和有效的运动。

烹饪岗位工作人员的体重大多超重,控制体重对他们而言是一个大问题,在校期间很多学生也已经呈现出超重的趋势,因此有必要学习控制体重的方法。

一、饮食减肥的措施

人变胖是由于每天摄取的热量超过活动所消耗的热量,身体每累积 7 700 cal 的热量,就转化成身上 1 kg 的体重,想要减掉多出来的体重,应先控制每天吃进身体的热量并找出多消耗热量的方法。但这并不是表明断食法是最快速的减肥方式,因为身体维持正常运作也需要热量的消耗,断食减重只会让你在一个月后变得面黄肌瘦、肤质粗糙、身体虚弱,控制热量的摄取不能低于每天所需的基础能量。

食物搭配是否科学合理,归纳为两个公式:

甲:油脂类(牛排、奶油等)+碳水化合物(面粉、土豆)=增重。

乙:油脂类(牛排、奶油等)+蔬菜+豆类=减肥。

1. 改变饮食习惯 饮食习惯包括进食的方式、食物的选择以及摄入的成分与多少等。烹饪专业学生容易受工作的影响,要减慢进食速度、减少高热量食物的摄入。

2. 控制总体的热量 每 1 g 脂肪相当于 9 kcal 热量。与脂肪相比,每克碳水化合物和蛋白质所含热量要低得多,约 4 kcal。减肥不是少吃东西,而是用新鲜的蔬菜、水果、谷物代替每日所食用的含脂肪的食物(如奶油等)。不是每个人少吃脂肪都能减肥,如果碳水化合物食用过多,也会使体重增加,关键是要控制总体的热量。

3. 控制进食量 减肥期间控制摄入的量可以起到很好的少食的效果,能量的摄取最重要的是均衡,而不是简单的"不吃",如果减肥减到了面黄肌瘦、抵抗力下降,甚至整日昏昏沉沉的地步,那就适得其反了。

二、运动减肥的措施

1. 加强力量训练 对于减脂而言,有氧跳舞 1 小时,减脂效果还不及进行半小时的力量训练。这是因为肌肉的新陈代谢速率比较高,0.5 kg 肌肉每日维持活动的基本热量消耗是 30～50 cal,但脂肪的热量消耗却只有 2 cal。想让身体自行消耗更多热量,就必须提高体内肌肉与脂肪的比率。每周做两次重量训练,或养成每日举哑铃的习惯,都能使身体肌肉更结实,促进脂肪的自我消耗。对于厨师而言,在工作间隙可以利用常用工具进行一定的练习,如水瓶、水桶等代替哑铃进行力量练习,也可以取得一定效果(图 1-3-1)。

图 1-3-1

2. 进行分段式运动 同样是 2 小时的健身运动,将其分成 40 分钟做 1 次,共做 3 次,所消耗的脂肪几乎是分成 60 分钟做 1 次共做 2 次的 7 倍。因为每次运动过后,体内维持最高新陈代谢速率至少 12 小时,体内囤积的脂肪也会在此时被迅速消耗。所以尽可能分段做运动,减肥效果也会更好。烹饪专业人员工作量大,每天没有大量时间进行长时间运动,可以利用工作间隙做分段式运动。

3. 设定最短运动时间 从促进健康的角度而言,单次运动超过 10 分钟即可达到促进健康的效果。但是从减脂消耗热量的角度而言,仅仅 10 分钟运动的消耗是非常少的,而且消耗的主要是糖原。尽管说要分段、短时多次地运动,但是动用脂肪能量的前提是至少持续运动 20 分钟,并保持心率在最高心率的 55% 以上(最高心率为 220 减去年龄),这时肌肉及肝脏中的糖原消耗完了,脂肪才能开始被大幅度利用。

4. 练习动作简洁可行 好的锻炼方法非常重要,既要简单又要有效果,动作一定要简洁明确,容易完成。比如简单的 5 个练习动作(原地高抬腿、原地后撤步＋提膝、原地后撤步半蹲＋前踢腿、左右侧步半蹲、仰卧两头起)就是非常好的锻炼方法。

用水瓶代替哑铃训练-1

用水瓶代替哑铃训练-2

5 个练习动作-1

5 个练习动作-2

5 个练习动作-3

5 个练习动作-4

5 个练习动作-5

烹饪专业学生体重超重较多的人,开始运动时注意一定要做一些简洁可行的动作,量力而行,然后逐步增加运动量和难度。

5. 参与多元化运动项目 当坚持某项运动 6～8 周后,人体就能逐渐适应这一运动强度,原来的运动负荷对机体的刺激就不明显了,出现减不下去的状态。因此,要随着运动能力的增强,及时调整运动负荷。比如减肥以较长时间的有氧运动为主,可选择慢跑、舞蹈、游泳等。在此基础上,最好每周有 2～3 次的力量训练以增加肌肉,提高基础代谢率,这样能取得更好的减肥效果。另外,高强度间歇练习、跑走结合等锻炼方式也有较好的效果。

6. 坚持长期锻炼,形成良好习惯 运动减肥只有坚持才会产生明显效果,刚开始规律运动后,人们会发现,体重会突然增加几千克,这主要是因身体调配能量引起的。一般健康的减肥速度为每三个月减 5%～10% 的体重,如果减肥速度过快,就意味着身体会受到或轻或重的损伤,此时还会有抵抗力下降等情况出现。

7. 选择有效的健康锻炼方法 有氧运动是一项以有氧代谢为主的耐力性运动,可以提高人体新陈代谢,促进能量的消耗,避免机体能量过剩而转化为脂肪积聚,同时也可以使机体已积聚的脂肪得以分解。有氧运动包括慢跑、步行(散步和快走)、游泳、骑自行车、原地跑、打球、爬山、健身操、练瑜伽和打太极拳等。

> **小贴士**
>
> 很多人一说减肥就认为是减体重,这其实是个误区。控制体脂率才是健康减肥的关键。减肥最好做全身有氧运动,如快走、慢跑、游泳、爬楼梯、骑自行车等有氧运动,也可以配合仰卧起坐、举哑铃等局部运动。每次运动最少持续半小时。同时,烹饪人员要调整不规律饮食、喜爱烟酒、忽视健康营养、熬夜等不良生活习惯。

三、制订减肥方案

1. 确定减肥目标 减肥需要有持续的动力,设定分段的目标是一个减肥计划的良好开端。可以给自己设定减轻体重的目标、周期运动量的目标,这样可以帮你保持动力,提高效率。例如:减轻体重的 20%,每周减重 0.5～1.5 kg,一天减少摄取热量 500 cal 等。

2. 制订减肥食谱 烹饪专业的学生都系统学习过营养配餐知识,因此对营养搭配有一定的了解,首先应确定未来在减肥过程中每天需要摄入多少热量,然后按照饮食原则做饮食搭配预案,做到至少固定早、中、晚三餐,以早餐吃饱、午餐吃好、晚餐吃少的原则为宜。可以在上午 10 点和下午 4 点左右适当加餐水果或少量点心,但不要随意加餐。每餐都要包含蛋白质、水果和蔬菜,低热量饮食的同时要保证充足的营养,蔬菜最好占每餐比重的一半以上,多摄入蛋白质,减少碳水化合物和脂肪的摄入,一半的主食建议选择粗粮。

参考:一天减肥食谱如下。

早餐:瘦肉粥(大米 50 g、瘦肉 25 g)、水煮蛋白(1 个)、凉拌青瓜(100 g,1 小碟)。

午餐:大米饭(100 g)、豉汁蒸排骨(带骨的排骨 125 g)、素炒小白菜(白菜 200 g)。

晚餐:丝瓜肉丝通心粉(通心粉 75 g、丝瓜 100 g、瘦肉 50 g)、炒苦瓜(苦瓜 150 g)。

加餐:淡脱脂牛奶(250 mL)。

3. 制订运动计划 烹饪专业学生结合自己的时间分配来安排运动的时间,找到适合自己的运动时间,保持每周至少运动三次,如每次 30 分钟以上的有氧运动,除了有氧运动之外,每周还应该增加 1~3 次力量训练,增加肌肉量,可以有助于在减肥后日常生活中继续减脂。运动前后都不宜大吃大喝,且正餐 2 小时后运动更好,运动后可以补充一些能量,但大量补充需要 1 小时后,这样的安排比较利于减肥。

参考:一周运动计划如下。

第一天:胸部练习,平板卧推练习,4 组,12 个/组;上斜卧推练习,4 组,12 个/组;站姿拉力器夹胸,4 组,12 个/组;有氧运动 30 分钟。

第二天:坐姿下拉练习,4 组,12 个/组;坐姿划船,4 组,12 个/组;有氧运动 30 分钟。

第三天:远足、骑车、游泳、打球均可。

第四天:肩部练习,坐姿杠铃推举,4 组,12 个/组;坐姿哑铃推举,4 组,12 个/组;哑铃侧平举,4 组,12 个/组;有氧运动 30 分钟。

第五天:站姿屈臂下压,4 组,12 个/组;哑铃屈臂伸,4 组,12 个/组;坐姿弯举,4 组,12 个/组;哑铃弯举,4 组,12 个/组;有氧运动 30 分钟。

第六天:深蹲练习,4 组,12 个/组;有氧运动 30 分钟。

第七天:户外登山等。

任务实施

为自己或者需要帮助的同学制订一个科学有效的减肥方案,以降低体重、减掉脂肪。

(1) 先学习制订科学减肥方案的方法。

(2) 根据自己或者他人测量的体重、腰围等相关数据,确定标准体重的减肥目标。

(3) 制订一周饮食计划,填写表格。

日期	早餐	午餐	晚餐
第一天			

续表

日期	早餐	午餐	晚餐
第二天			
⋮			
第七天			

(4) 制订一周运动计划，填写表格。

日期	内容	组数	次数
第一天			
第二天			
⋮			
第七天			

(5) 实施计划表，15 天后进行数据测量并与之前数据对比，再制订下一阶段方案。

评价与检测

一、评价

评价内容及标准	赋分/分	等级（请在相应位置画"√"）			
		优秀	较优秀	合格	待合格
说出科学减肥计划包括的主要内容和设计方法	30	30	25	20	15
能制订科学减肥方案并能实施	50	50	40	30	20
具有严谨、细致的学习态度	20	20	15	10	5
总分	100	实际得分：			

二、检测练习

(1) 制订减肥计划包括＿＿＿＿＿和＿＿＿＿＿两个方面。

(2) 有氧运动包括＿＿＿＿、＿＿＿＿、＿＿＿＿、＿＿＿＿等。

拓展练习

根据比较 15 天后测量的数据与之前的数据，为自己或者需要帮助的同学调整减肥方案。

(1) 确定新的减肥目标。

(2) 制订新的一周饮食计划,填写表格。

日期	早餐	午餐	晚餐
第一天			
第二天			
⋮			
第七天			

(3) 制订新的一周运动计划,填写表格。

日期	内容	组数	次数
第一天			
第二天			
⋮			
第七天			

(4) 实施计划表,15 天后进行数据测量并与之前数据对比,查看目标达成情况。

知识链接

跑步减肥是一件比较简单的事情,只需要减肥者每次连续跑步至少 30 分钟,一般就可以达到减肥的效果。连续跑步的时间越长,减肥的效果也就越好。对于大体重的烹饪专业学生需要关注心脏等身体机能,适合从快走开始,降低体重对膝盖的影响。

1. 早上跑步有利于消耗更多能量　早上空腹跑步时身体内已经没有太多的能量,这个时候进行长时间的跑步,在没有足够糖原补充的情况下,能够调动更多脂肪供能,这样可以消耗更多的能量,从而减少脂肪的堆积,能够让减肥者的身体较早地进入正常的工作状态,从而达到减肥的效果。

2. 跑步减肥建议长时间连续不间断　如果减肥者早上进行一段时间的跑步减肥,晚上再进行一段时间的跑步减肥,这种减肥方式的效果也比较差。因为,跑步减肥需要连续不间断长时间的有氧运动。所以,这种间断式的有氧运动减肥比连续不间断的减肥运动的效果差。

3. 跑步减肥后建议及时补充富含蛋白质的食物,减少肌肉的流失　如果是为了减肥,建议在每次长时间的有氧运动后补充富含蛋白质的食物,比如蛋白、牛肉、鱼、虾等。因为人体在长时间有氧运动过程中,不仅消耗脂肪,同样也流失肌肉。如果在运动后能够及时补充蛋白质,这样就会减少肌肉的流失。

任务四

科学增重

▶ 任务描述

在任务一中已经详细介绍过体重和体重指数,很多人的关注点在肥胖上,有时候往往忽略了超轻体重的人群。超轻体重人群在生活、工作中也会遇到很多因为体重偏轻带来的苦恼,这类人群需要解决的是增重问题,使体重达到平衡点这样才能真正提高健康水平。

▶ 学习目标

1. 知道体重偏低的原因,了解体重与饮食、运动的关系,知道科学增重的方法。
2. 能够使用科学增重的方法制订计划增加体重。
3. 展现严谨细致、健康向上的精神风貌,提高对健康和群体健康的意识。

▶ 相关知识

一、轻体重的表现

体重是反映和衡量一个人健康状况的重要标志之一,过胖和过瘦都不利于健康,身高、体重不协调也不会给人以美感,体重的变化会直接反映身体长期的热量平衡状态。

19世纪中期的比利时通才凯特勒最先提出体重指数,它的计算方式:体重指数(BMI)=体重/身高^2。最理想的体重指数是22,男性体重指数低于20、女性低于19就是过轻体重。

体重过低影响身体和智力发育,表现为免疫力低下、月经不调或闭经、骨质疏松、贫血、抑郁等病症,体重过轻者的平均寿命比正常人的平均寿命略低,生病后的恢复速度较正常人慢,还表现在肌肉量和脂肪量都严重不足。

二、体重过轻的原因

1. 疾病的原因 如果发现自己的体重过轻,身体过瘦,首先要查一下是不是疾病的潜在影响。如甲状腺疾病、糖尿病、肾上腺疾病、消化系统疾病等,都容易造成体重过轻。排除了疾病的情况,才可以实施增重计划。

2. 饮食习惯的影响 体重轻的人在饮食方面,有不少存在挑食和偏食现象,膳食的摄入量不足,膳食不够丰富多样。碳水化合物、高蛋白质的食物、蔬菜和水果等摄入不足,都会影响体重的增加。

3. 睡眠质量造成　人的睡眠若比较充足,胃口就比较好,而且也有利于对食物的消化和吸收。熬夜会严重影响睡眠的质量,导致人体出现消瘦的情况。

4. 其他因素　体重过轻与遗传因素有一定关系,一些情绪容易亢奋的人,由于受内分泌的影响,会加速热量的消耗,还有些人容易紧张,食欲不振,损失上千卡热量。

三、科学增重的原理

人体的重量,大致上来自骨骼、肌肉、脂肪、水分以及其他内脏器官,增重不是单纯的增加体重,除了脂肪的增加之外,还应涵盖肌肉组织的增加,有意义的增重应着重于肌肉、脂肪的比例增加。应以营养干预为核心,结合人体全面营养素和个性化的饮食、针对肌肉的力量型运动等服务指导,让人养成健康科学的生活方式,从而达到终身受益的目的。

人的体重是维持在一个代谢平衡点上的,这时摄入与消耗基本是持平的,在相当长一段时间内体重不会有太大变化。当每天额外摄入能量 500 kcal,一周大概是 3500 kcal,从营养学角度来看,体重能增加 500~600 g。当体重达到一个理想体重时,逐渐停止能量的额外增加,体重就会停止上升,这时会有一个新的代谢平衡点和新的基础代谢,在不改变生活方式的情况下,人体基础代谢会上升(通常会上升 200 kcal 左右),优化自己的饮食结构,摄入和消耗可维持平衡,维持体重,这样就可以达到增重的目的了。

四、科学增重的方法

科学增重就是通过对饮食、运动、生活指导等进行合理的计划,使体重达到正常值。可以将计划分为身体检测、科学增重和巩固提高三个过程。使用任务一和任务二中学习过的知识,先进行身体健康分析,通过各种方式进行有效沟通和科学仪器的检测,查出人体消瘦的原因,然后再针对性地确定增重计划,最后按照计划坚持实施并及时修订计划,最终达到目标。

(一)科学运动

1. 练习内容　增重者的运动首先要与减脂者的运动区分开,减脂者以有氧运动为主,而增重者则以力量运动为主,有氧运动只起辅助作用。力量训练对于增加肌肉比例效果非常明显,借助哑铃、杠铃与训练器材的使用,配合大肌肉群的完全收缩与放松,再与饮食辅助补充,可以达到增加肌肉的目的。

弹力绳:非常便于携带,原地脚踩使用或者固定在门上使用都可以。

哑铃:可以锻炼全身肌群,是新手增加肌肉(简称增肌)的首选,也可以选择组合哑铃,增肌的周期应该比减脂长 50% 以上,减脂在 3 个月能结束,但是增肌需要安排 6~9 个月。肌肉生长是很慢的,理想状态下,一个月能增长 0.5 kg 的肌肉。

2. 注意事项

(1)重点练习部位。

重点锻炼大肌肉群,如胸大肌、三角肌、肱二头肌、肱三头肌、背阔肌、臀大肌和股四头肌等,运动量要随时调整。同一个部位的肌群可采用不同的动作、不同的器械进行锻炼,并且要使所练肌群单独收缩。一般情况下,练习动作一个半月到两个月变换一次。

(2) 锻炼的意念集中。

锻炼时意念要集中于所练部位,肌肉的酸、胀、饱、热感越强,锻炼效果越佳。随着肌肉力量的增强和动作协调性的提高,锻炼的效果会越来越显著。

(3) 少做消耗能量大的活动。

平时不要做消耗能量太多的其他活动,如耐力性长跑、踢足球、打篮球等,这些运动消耗能量较多,不利于肌肉的增长,而且会越练越瘦。

小贴士

增重不等于增肥

增肥顾名思义就是增加身体内脂肪组织的比例,而增重的意义除包括脂肪组织的增加之外,还包括肌肉组织比例的增加。健康增重应该注重在肌肉上,脂肪的增加超过一定比例后可对身体产生一系列的不良影响,最直接的影响是出现心血管疾病。

(二) 合理饮食

1. 增加总热量摄入　想要增重最核心的任务是增加热量摄入,使热量摄入量大于热量消耗量。因此在饮食上要合理增加热量摄入,总体来说可以比普通人每天多摄入 500 kcal 左右,需要计算每天的饮食热量是否达到要求的数值。

可以按照以下简单的公式,得出对于从事轻体力活动的人群每天需要摄入的热量:热量＝(身高(cm)－105)×30＋500 kcal。

例如:一个人 170 cm,想要增重,每天至少摄入 (170－105)×30＋500＝2450 kcal 的热量。

2. 增加优质蛋白质、热量的摄入

(1) 蛋白质。

选择优质的蛋白质,特别是动物性蛋白,因为动物性蛋白组成与人类蛋白组成最接近,利用率最高。例如鸡蛋、牛奶、肉类、海鲜等。植物性蛋白中唯一一种含有全谱氨基酸的就是大豆蛋白。但大豆中所含的异黄酮是类雌激素物质,对于增肌者来说会妨碍有助于肌肉生长的雄性激素的分泌,不建议选择。

(2) 糖类。

糖类(也称碳水化合物)选择是十分重要的一环,糖类能提供身体必需的热量以及是脂肪燃烧、蛋白质合成的必需辅料,首选的糖类包括米饭、土豆、番薯、南瓜、芋头等,每日糖类摄取量应该占全日热量摄入 40% 以上。

(3) 脂肪。

脂肪应该以单元不饱和脂肪为主,这类脂肪多数来自植物,有降低胆固醇的功能。例如黄豆油、橄榄油等。还有部分必需脂肪酸来自深海。进食建议:总脂肪＜30%总热量,饱和脂肪＜10%总热量,单元不饱和脂肪为 10%～15%总热量,多元不饱和脂肪＜10%总热量。可以考虑牛奶、杏仁、芝麻、腰果等食物,也可以在牛奶中加入杏仁和芝麻粉,腰果则可以当作零食来吃。

注意:高蛋白、高热量饮食是健康增重者的首选,但是人体摄入的高蛋白、高热量,不能相互代替,否则对健康不利。碳水化合物摄入过多而脂肪摄入过少,会加重胃肠负担。脂肪摄入过多而碳水化合物摄入过少,则可能引起肥胖症、心脑血管疾病。蛋白质摄入过少,会使生长发育受抑、机体抵抗力降低。因此它们的摄入必须有一个科学的比例,人体摄入热量的50%~60%应来自碳水化合物,20%左右来自蛋白质,其他来自脂肪,这样的比例,才能增"重"——感觉结实,而不是增"肥"——感觉虚胖。

小贴士

平时增加摄入红枣、枸杞、党参、花旗参等补气养血食物,可提高免疫力和抵抗力,解决多梦乏力的情况。适当多吃含锌丰富的食物,可以缓解挑食现象。

(三)规律生活

(1)每天入睡与起床的时间应稳定、有规律,应保证每天有7~8小时的睡眠时间。充足的睡眠可以消除疲劳、恢复体力。

(2)饮食规律,三餐定时定量,饭只吃七成饱,不暴饮暴食。

(3)要定时锻炼身体。

(4)要有自己的兴趣爱好,让兴趣丰富业余生活。

任务实施

了解自己的身体状况,得到体重、身高等相关数值,请为自己或者需要增重的人制订一个计划并实施。

实施建议:

(1)制订一天的饮食食谱。

分别为早餐、加餐、午餐、加餐、晚餐制订参考食谱。

(2)制订一天运动计划。

例如:设计一个以哑铃为主的锻炼计划,参考如下的安排。

序 号	内 容	组 数	次数/组
1	哑铃俯身侧平举	4~6组	6~12次
2	哑铃侧平举	4~6组	6~12次
3	哑铃推肩	4~6组	6~12次
4	哑铃单臂划船	3~5组	6~12次
5	仰卧交替卷腹	4~6组	10~20次
6	杠铃划船	4~6组	6~12次

哑铃俯身侧平举

哑铃侧平举

哑铃推肩

哑铃单臂划船

仰卧交替卷腹

杠铃划船

要求：先进行 5～10 分钟的准备活动，比如慢跑、拉伸等。练习过程中，相同动作间休息 1 分钟，不同动作之间休息 2 分钟，每个动作都尽可能做到慢动作、长位移。

(3) 实施计划，一个月后重新测量相关指标，对比数据。

评价与检测

一、评价

评价内容及标准	赋分/分	等级（请在相应位置画"√"）			
		优秀	较优秀	合格	待合格
说出科学增重计划包括的主要内容和设计方法	30	30	25	20	15
能为自己或者他人制订科学增重方案并能实施	50	50	40	30	20
具有严谨、细致的学习态度	20	20	15	10	5
总分	100	实际得分：			

二、检测练习

(1) 科学增重就是通过对 ＿＿＿＿＿、＿＿＿＿＿、＿＿＿＿＿ 等进行合理的计划，使体重达到正常值。

(2) 增重训练重点锻炼部位是大肌肉群，如 ＿＿＿＿＿、＿＿＿＿＿、＿＿＿＿＿、＿＿＿＿＿、＿＿＿＿＿、臀大肌和股四头肌等。

拓展练习

请设计一天多种项目相结合的运动计划，并填写表格。

序号	内容	组数	次数/组
1			
2			
3			
4			
5			

知识链接

体重轻、体型瘦的不同类型

体重轻、体型瘦的人分为四个类型：高代谢型、纤弱型、吸收不良型和劳碌型。

1. 高代谢型　　高代谢型叫作年轻型，一般常见于年轻的男性。他们身体健康、精力旺盛、体能充沛、不爱生病、身体温暖，只是看起来脂肪偏少、腰围很小。因为年轻男性就应当是脂肪含量很低的状态，高水平的雄激素使他们基础代谢水平高，肌肉紧实，爱吃而不容易胖，所以不必增肥。有些人是因为遗传，骨架略小，肌肉不够发达，看起来显得不够健壮，做阻抗训练适当增加肌肉,就会显得体型更健壮。

2. 纤弱型　纤弱型就是从小纤瘦,骨骼细小,肌肉不发达的类型。饮食状况正常,抵抗力略低,体力略差。通常体力活动少,生活以静态为主。纤弱型的人要想改变体型,需要做增加肌肉的俯卧撑、卷腹、下蹲之类的增肌运动,加上适量的室外有氧运动,日常运动可以考虑健美操、搏击、游泳等。游泳对于改善心肺功能和增厚肩背肌肉特别有益,同时还能促进食欲,对纤弱型的人很有帮助。在保证蛋白质供应的前提下适当增加主食,就能收到体型改善和活力增强的双重效果。

3. 吸收不良型　吸收不良型的人,一般表现为脸色发黄、缺乏光泽、身体偏向干瘦,主要问题是消化吸收能力差。这类人不能贸然增加摄入高脂肪食物,因为这会让消化系统不堪重负。应先去看消化科,尽快改善消化吸收功能。平日吃容易消化不油腻的食物,规律进餐,进食时应细嚼慢咽、专心致志,保持心情愉快。做一些温和轻松的运动,比如散步、慢跑、做广播操、跳交谊舞、打太极拳等。低强度的运动可以放松心情,并改善消化吸收。

4. 劳碌型　劳碌型的人往往工作上操心的事情多,睡眠质量不好,在家又非常勤劳,精力消耗大,体力也透支。这类人简单多吃没有用,因为他们食欲不太好,消化也不好。最重要的是安排一段时间的安静休养,远离烦扰,放松身心。劳碌型的人应当在自然环境中做一些有氧运动,这样能改善血液循环,减少大脑的疲劳,提高睡眠质量。如果要运动,一定要在休息充足、精神饱满的时候再做运动。

任务五

积极心理健康

▶ 任务描述

通过学习知道积极心理健康相关知识,理解积极心理健康的主要观点,并知道如何提升快乐水平。

▶ 学习目标

1. 知道积极心理健康的概念和主要观点。
2. 能够学会思考和分析积极情绪来源,了解如何提升快乐水平。
3. 提高团结协作和善于沟通的社会适应能力,形成自我调节积极心理健康的意识。

▶ 相关知识

一、积极心理健康

(一)积极心理健康的概念和意义

积极心理健康指以积极心理学的观点为基础的心理健康,指个体在生活过程中能主动追求幸福并体验幸福,同时又能使自己的能力和潜力得到充分发挥。

烹饪岗位工作枯燥、单调,工作环境与学校差异较大,同时技术水平的差异、厨师之间的竞争都不可避免地增加了学生的心理压力,从而容易产生不适应、逆反和自闭的心理。对于烹饪专业学生来说有必要了解积极心理健康,分析自己的心理状态,在工作和生活中建立健康积极的心态,从而更好地应对工作中的压力。

(二)积极心理健康的主要观点

1. 积极心理健康意味着真正的心理健康是从"0"到"+10" 积极心理健康的这一标准意味着积极心理健康的目标不是从"-10"到"0"的状态,而是从"0"到"+10"。"-10"是指人存在的各种问题,包括抑郁症、多动症等;"0"状态指没有任何问题的正常状态。这一目标意味着积极心理健康的内容应该是研究各种积极品质和积极力量的心理机制和相应的脑机制等,具体来说,就是指健康的人应该在平时的生活中要有主动追求幸福的意识和意愿,并且在生活过程中要经常切切实实体验到幸福。而当人们在各种活动中体验到幸福时,人们的能力和潜力才能得到充分的发挥。

2. 积极心理健康意味着恰到好处的积极　从积极品质的角度来说，积极心理健康其实意味着中庸，并不意味着越积极越健康。这一点与传统心理健康的观点不太一样，传统心理健康强调把问题去除得越彻底越好。而积极心理健康关注的是积极品质，它强调适当就好，并不强调把积极品质或积极力量培养得越高越好。

3. 积极心理健康意味着人们在生活中应该有点积极错觉　积极心理健康还有另外一个重要的观点，真正心理健康的人都有点爱自夸，也就是人们生活中常说的"爱吹牛"。

积极错觉虽然是对现实的一种背离，但它实际上是个体一种新的积极适应，因为积极错觉体现了个体对现实的积极把握和乐观知觉，同时也体现了个体对自我价值和自尊的一种保护，具有多个方面的价值意义。首先，积极错觉是人本能属性的一种自然结果；其次，积极错觉在一定意义上是一种重要的应对方式；最后，积极错觉可以帮助人们生活在希望里，从而为战胜现实中的困难提供勇气。

二、提升快乐水平

人们通常都认为快乐是一种心理状态，特别是一种心情状态，但随着心理学和社会的发展，特别是对快乐研究的深入，人们发现快乐正日益突显其能力属性，即快乐是一种能力。借用一种流行的说法，快乐的能力其实可以被称为乐商，而且乐商这种提法也更容易被普通民众接受。乐商主要包含四个组成要素：快乐的感受力、对消极事件的应对力、快乐的感染力和对积极事件的品味力。

1. 快乐的感受力　快乐的感受力即快乐的阈限值，类似于每个人的反应阈限，同样的刺激会引起不同的人产生不同程度的反应。

2. 对消极事件的应对力　对消极事件的应对力指个体从所经历的消极事件中获取积极成分（或力量）的能力。人们不快乐或抑郁的最主要原因就是生活中出现了消极事件，个体如果能从他所经历的消极事件中看到更多的积极成分，那么他从消极事件中所遭受的打击就会小一点，心灵受伤的可能性也就自然更小。相反就容易受到较大的伤害而表现出不快乐或抑郁等。

3. 快乐的感染力　影响或感染他人快乐的能力。性格的表达方式有很多，能力高的人会根据对象、环境和条件等选择比较合适的方式来表达自己的性格，不同的表达方式会产生不同的感染力，这就如同是相声演员或喜剧演员，不同的人的演出效果是不一样的。

4. 对积极事件的品味能力　对积极事件的品味能力指主动地、用心地感受积极体验，是人们在面对积极事件时，如何使用一定的认知策略或行为方法来调节自己，从而获得更多积极体验或者使其维持得更久的能力。

▶ 任务实施

课堂活动——盲人方阵。

一、活动目的

（1）这个任务体现的是团队成员之间的配合和信任，一个有领导、有配合、有能动性的队伍才能称之为团队，本游戏主要是为了锻炼大家的团队合作能力。

（2）让学生相信队友，在集体中展示自己，感受集体的力量和氛围。

二、活动时间

20分钟。

三、活动道具

长跳绳4根、眼罩25个。

四、活动场地

体育馆。

五、活动程序

(1) 所有学生分为四组,每组5~7人。

(2) 确定暗号(只能用肢体发出声音),每组2分钟。

(3) 确定暗号后,每个学生将眼罩带好。

(4) 教师将各组学生分散在场地的各个角落,过程中所有人保持安静。

(5) 教师喊开始后,各组学生根据自己组确定的暗号声音寻找自己的队友。

(6) 确定队友找齐后,教师将绳子分给各组,各组学生将绳子拉成一个最大的正方形,并且所有队员都要均分在四条边上。

六、活动意义

这个项目教会学生如何在信息不充分的条件下寻找出路。在未选出领导人与未确定方案时,各组普遍耗时长、混乱且焦虑。当领导人产生并开始有序组织时,学生变得淡定且坦然放松。而当行动方案得到大家认同并顺利推进时,学生能感受到合作的快乐与追求胜利的喜悦。

评价与检测

一、评价

评价内容及标准	赋分/分	等级(请在相应位置画"√")			
		优秀	较优秀	合格	待合格
能够说出积极心理健康的概念和主要观点	30	30	25	20	15
能说出2条以上快乐的能力	50	50	40	30	20
提高团结协作、善于沟通的社会适应能力,形成自我调节积极心理健康的意识	20	20	15	10	5
总分	100	实际得分:			

二、检测练习

(1) 积极心理健康是指以积极心理学的观点为基础的心理健康,指个体在生活过程中能主动_____并_____幸福,同时又能使自己的能力和潜力得到充分发挥。

(2) 人们通常认为快乐是一种心理状态,特别是一种心情状态,但随着心理学和社会的发展,特别是对快乐研究的深入,人们发现快乐正日益突显其能力属性,即快乐是一种_____。

（3）乐商主要包含四个组成要素：＿＿＿＿＿＿、＿＿＿＿＿＿、＿＿＿＿＿＿和＿＿＿＿＿＿。

拓展练习

积极表情操练习

第一步，学习开心、骄傲或自豪、爱或喜欢、兴趣、感恩、满足等日常表情及相应的肢体动作，如自豪时人们眉毛上扬、双手背在背后、头颅上抬；而喜欢时人们目光温柔、嘴唇微闭等；第二步，平时根据自己的时间或所处环境的具体情况进行相应的操练。一次可以练习2～3种积极表情，拍照上传练习成果。

知识链接

"哭泣"的好处

哭泣是人类的一种本能情绪，从心理学上来说，人的情绪受到了外界的刺激，作用于内心，当这些情绪积累到一定程度，必然呈现出情感的自然表达。

美国心理学家威廉-佛莱曾经从生理心理学的角度对流泪行为进行了研究。在5年时间里，他研究了数以千计的流泪受试者，结果表明，在一个月内，男人流泪的次数很少超过7次，而女人则在30次以上。根据流泪的动机，他把流泪分为反射性流泪（如受到洋葱刺激）和情感性流泪。情感性流泪就是平常说的真哭，例如我们常常看到婚礼现场新人会哭、与人争执时会落泪、葬礼上会泣不成声。

如果一个人不会哭，那么他就存在着情绪障碍，需要进行治疗。而且从生理上来说，泪液的分泌会促进细胞正常的新陈代谢。

心理学家认为：哭一哭是有好处的，爱哭的人并不一定都是脆弱的人。那些看书或看电影都会掉泪的人，在关键时刻比那些"有泪不轻弹的人"的意志要坚定得多。

第二单元
职业病预防与恢复

单元导读

≡▶ 案例导入

烹饪专业学生在校期间学习厨房岗位技能，长时间在厨房学习的过程中会出现身体关节和呼吸道问题，严重的会产生病变。如咽炎、网球肘、颈椎病、腰肌劳损、心理情绪紧张等。本单元通过学习相关理论知识和体育技能锻炼，对容易产生的职业病进行预防和简单的恢复，延长职业岗位工作时间，重视情绪变化，学会简单心理情绪调适，提高在岗工作效率，降低职业病的发病率。

≡▶ 学习目标

1. 了解烹饪专业岗位工作中易产生的职业病和预防恢复知识。

2. 能运用科学正确的体育锻炼方法进行自我练习，达到预防和恢复的目的，学会通过体育活动缓解自身心理紧张情绪。

3. 具有积极主动的学习态度和认真严谨、勇于挑战的精神，形成身体与心理的健康意识，培养积极进取的人生态度。

学习方法与要求

1.明确学习任务,制定学习目标,充分理解知识点内容和含义。整合利用资源,通过网络等途径查找相关资料,拓展扩充知识内容,提高运用知识解决问题的能力。

2.要根据自己的情况选择实施任务,主动与同学配合完成,重视同学的信息反馈和帮助,及时总结反思,确定是否达到了自定的目标,进行锻炼计划的修订。

3.做到学以致用,提高毅力,主动将学习成果应用于实践,调整自身的身体状况,同时提醒和帮助他人,共同形成自我健康的意识。

任务一

咽炎的预防与恢复

▶ 任务描述

通过学习预防咽炎和缓解咽炎症状的体育运动,提高自身的预防与恢复能力,为将来更好地适应工作打好基础。

▶ 学习目标

1. 了解咽炎起因及症状。
2. 能通过科学体育锻炼,预防咽炎,改善咽炎症状。
3. 具备勇敢顽强、坚韧不拔、严谨细致、健康向上的精神。

▶ 相关知识

一、咽炎的概念

咽炎是咽部的非特异性炎症,是各种微生物感染咽部而产生炎症的统称,可单独存在,也可与鼻炎、扁桃体炎和喉炎并存,或为某些疾病的前驱症状。咽炎可分为急性咽炎和慢性咽炎。急性咽炎为咽部黏膜及黏膜下组织的急性炎症,咽淋巴组织常被累及,炎症早期可局限,随病情进展可涉及整个咽腔,以秋冬及冬春之交较常见。主要表现为咽部干燥、灼热、疼痛、吞咽疼痛明显、咽部充血肿胀等。患者常咯出咽内黏痰,或感觉咽部有异物感,咯不出,咽不下。多见于成年人,病程长,易复发,症状顽固,较难治愈。

二、烹饪专业人员咽炎的起因

咽炎主要为病毒和细菌感染所致。多由飞沫或直接接触而传染。人体的咽部为鼻腔和口腔后面的孔道,可分为鼻咽、口咽和喉咽三个组成部分。咽部富含淋巴组织,它们聚集成团称扁桃体。正由于咽部富含淋巴组织,因此咽部是人体阻挡病原体,尤其是病原体入侵的主要门户之一。但由于咽部结构复杂,易于沉积食物残渣等异物,因此细菌较易在人的咽部停驻、繁殖并引起炎症。

另外,全身抵抗力减弱,如疲劳、受凉、烟酒过度等常是本病的诱因。此病亦可继发于感冒或急性扁桃体炎。急性咽炎反复发作或治疗不彻底,以及邻近器官病灶刺激如鼻窦炎、扁桃体炎、鼻咽炎、气管炎等可发展为慢性咽炎。烟酒过度、辛辣食物、烟雾、粉尘及有害气体刺激亦为常见病因。

三、咽炎的症状

1. 慢性肥厚性咽炎 咽部不适、疼痛、痒或干燥感,时有灼热感、烟熏感、异物感等;刺激性咳嗽,晨起用力咳出分泌物,甚至恶心。咽黏膜增厚,暗红色,有小血管扩张,咽后壁有颗粒状淋巴滤泡增生散在突起,甚至融合成片。咽侧索增厚,两侧呈条索状向咽腔突起。咽后壁可有黏稠或黏脓性分泌物。

2. 链球菌性咽炎 链球菌性咽炎为急性咽炎中最为严重的类型,是由 A 组乙型链球菌感染所致,可导致远处器官的化脓性病变,亦称为急性脓毒性咽炎。起病急,初起时咽部干燥、灼热,继而咽痛,空咽时咽痛往往比进食时更加明显,严重者伴有畏寒、高热、头痛、全身不适、食欲不振、背及四肢酸痛。咽痛逐渐加剧,随炎症侵及的部位可引起相应的症状。咽侧索炎症时引起吞咽困难、疼痛,伴有耳痛。舌根淋巴组织出现炎症时,则有剧烈的灼痛或刺痛,并向两耳放射。波及咽鼓管时则有耳闷、耳鸣及重听现象。如病变侵及喉部,则有咳嗽、声嘶、呼吸困难等症状。小儿病情重,可发生惊厥。

3. 慢性单纯性咽炎 全身症状均不明显,而以局部症状为主。各型慢性咽炎症状大致相似,且多种多样,如咽部不适感、异物感、痒感、灼热感、干燥感或刺激感,还可有微痛等。主要由其分泌物及肥大的淋巴滤泡刺激所致,患者晨起时可出现频繁的刺激性咳嗽,伴恶心。一般无痰或仅有颗粒状藕粉样分泌物咳出。

4. 急性咽炎 起病较急,常与急性鼻炎同时发生。初觉咽干、瘙痒、微痛、灼热感及异物感,继而有咽痛,多为灼痛,吞咽时尤重。疼痛可放射至耳部。上述局部症状多见于成年人,而全身症状较轻或无。幼儿及成年重症患者,可伴有较重的全身症状,如寒战、高热、头痛、全身不适、食欲不振、口渴和便秘等,甚至有恶心、呕吐。

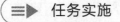 任务实施

对有咽炎症状的同学进行检测与运动诊治

一、检测和建议

咽炎常见的症状大多为咽部不适、疼痛、痒、干燥感及干咳等,一旦出现就需要进行长时间的治疗,难以治愈。科学提高运动量能够有效缓解咽炎症状,增加治愈咽炎的概率。

二、训练计划

咽炎患者适宜慢跑、快走、游泳及打太极拳等柔和运动,不适宜进行剧烈的体育锻炼。慢跑是适合大部分人在生活中使用的一种锻炼方法,这种锻炼方法的优点在于可以帮助大家调节好内分泌的同时,改善免疫力。因此不妨在生活中坚持慢跑,以此来改善咽炎体质。下面介绍新手四周跑步训练计划,以缓慢放松的步速完成 30 分钟的跑程,开始时以步行为主,渐变以跑步为主,简单且循序渐进。

第一周执行练习

周一　慢跑和步行:慢跑 1 分钟,步行 2 分钟,重复 10 次。

周二　步行:轻松步行 30 分钟。

周三　慢跑和步行:慢跑1分钟,步行2分钟,重复10次。

周四　步行:轻松步行30分钟。

周五　慢跑和步行:慢跑1分钟,步行2分钟,重复10次。

周六　慢跑和步行:慢跑1分钟,步行2分钟,重复10次。

周日　休息。

第二周执行练习

周一　慢跑和步行:慢跑2分钟,步行1分钟,重复10次。

周二　步行:轻松步行30分钟。

周三　慢跑和步行:慢跑1分钟,步行2分钟,重复7次。

周四　步行:轻松步行30分钟。

周五　慢跑和步行:慢跑4分钟,步行1分钟,重复6次。

周六　慢跑和步行:慢跑4分钟,步行1分钟,重复6次。

周日　休息。

第三周执行练习

周一　慢跑和步行:慢跑5分钟,步行1分钟,重复5次。

周二　步行:轻松步行30分钟。

周三　慢跑和步行:慢跑1分钟,步行1分钟,重复4次。

周四　步行:轻松步行30分钟。

周五　慢跑和步行:慢跑6分钟,步行1分钟,重复4次。

周六　慢跑和步行:慢跑6分钟,步行1分钟,重复4次。

周日　休息。

第四周执行练习

周一　慢跑和步行:慢跑8分钟,步行1分钟,重复3次。

周二　步行:轻松步行30分钟。

周三　慢跑和步行:慢跑9分钟,步行1分钟,重复3次。

周四　步行:轻松步行30分钟。

周五　慢跑和步行:慢跑10分钟,步行1分钟,重复2次。

周六　慢跑和步行:慢跑11分钟,步行1分钟,重复2次。

周日　休息。

三、对咽炎患者的建议

(1) 经常开窗通风,保持空气流通,是防治慢性咽炎的有效措施。居室空气干燥及过冷、过热、过湿都可影响咽部黏膜的防御机能,造成功能障碍,咽部感觉异常,日久而出现慢性咽炎病变。早晨、饭后及睡觉前漱口、刷牙,可以保持口腔清洁。同时,防治口鼻疾病,消除炎性病灶,对防治咽炎的作用也不容忽视。

(2) 进行饮食调养,以清淡易消化饮食为宜,再辅助摄入一些清爽去火、柔嫩多汁的食品。如橘子、菠萝、甘蔗、橄榄、鸭梨、苹果等,或多喝水及清凉饮料,但饮料不能太浓。忌烟、酒及姜、辣椒、蒜等辛辣之物。

(3) 一旦发现应尽快就医,千万不要"拖"。

(4) 注意劳逸结合,防止受冷,应卧床休息。

(5) 经常接触粉尘或化学气体者,应戴口罩、面罩等。

(6) 平时多饮淡盐开水,吃易消化的食物,保持肠胃通畅。

评价与检测

一、评价

评价内容及标准	赋分/分	等级(请在相应位置画"√")			
		优秀	较优秀	合格	待合格
正确说出咽炎的起因及症状	30	30	25	20	15
能提出运动的合理建议	50	50	40	30	20
态度认真、团结协作	20	20	15	10	5
总分	100	实际得分:			

二、检测练习

(1) 咽炎是咽部的_____,是各种微生物感染咽部而产生炎症的统称,可单独存在,也可与鼻炎、扁桃体炎和喉炎并存,或为某些疾病的前驱症状。

(2) 咽炎可分为_____和_____。

拓展练习

治疗或缓解咽炎症状的其他方法

现在正值夏季,很多人开始出现不同程度的咽炎症状。咽炎是一种比较常见的呼吸道疾病,该病按照症状的发展程度来划分可分为急性咽炎和慢性咽炎。其实,咽炎并不算是一种严重的疾病,患者可以通过采取一定的运动方法进行控制治疗。

(1) 张口型运动。张开大口,心里念"啊"字。口腔内上腭悬雍垂尽量向上提起,舌在口腔内做自然伸缩运动。通过这样的反复张口闭口,患者咽部可得到伸拉。

(2) 收口型运动。张口型运动以后,口型变为收口型,口里默念"噢"字。两腮里塌,口腔变窄,舌在口腔内做自然伸缩运动。

(3) 咧口型运动。心里默念"一"字,口型像"一"字,舌贴下牙床一下一下使劲地挤下牙床,使舌根得以充分活动,促进血液循环。

知识链接

因烹饪导致的其他疾病

我国烹饪一贯考究煎、炒、烹、炸，可这些烹调方法会产生很多油烟，并散布在厨房这个狭小的空间内，随空气侵入人体呼吸道，进而导致疾病。那么，厨师常见职业病有哪些呢？

厨师常见职业病有以下几种。

1. 油烟病 油烟病的主要表现为食欲减退，有饥饿感，却食之无味，精神不佳，嗜睡，全身无力，平时饮食很少，但体重逐渐增加。这也是为什么不少厨师体胖腰粗的原因之一。过多接触油烟，还会导致更多疾病，严重的甚至会发展成肺癌。

2. 胃病 大部分厨师的胃不好。因为工作时间的不确定，厨师们的饮食经常无规律，食无定时或食无定量。长此以往，会使消化系统功能紊乱，引起慢性胃炎、便秘，严重者会患上萎缩性胃炎。

3. 静脉曲张 厨师的工作需要长时间站立或者保持一个姿势不动，这样会令下肢血液循环欠佳，导致下肢肿胀甚至出现静脉曲张，以及股骨头缺血坏死。另外，不当的站姿还容易引起腰椎疾病、足部疼痛和骨质增生等。

4. 高温病 厨师在高温下连续工作，容易出现头晕胸闷，心脏的压力增大，干活没力气，还有恶心、头痛、呕吐等症状。

据相关职业健康研究报道，从事高温职业的男性，如面包师、厨师、焊接工、消防员、制陶工及铸造工等，因暴露于高水平的热辐射之中，精子减少，可导致生育能力下降。

5. 噪音病 据调查，10%左右的职业病是由噪音引发的，可见噪音之厉害。厨房内，各种机器产生的噪音，也会影响厨师的健康，长久在高分贝噪音中生活，不仅导致听力下降，还会影响人的情感、智力、记忆与学习等能力，使负性情绪增加，甚至可引起职业性耳聋。

6. 腕部腱鞘囊肿 厨师因为手腕要用力捉握，腕部要旋转、弯曲，容易出现腕部疾病。所以每天拿着锅、铲的厨师是这种职业病的高危人群。

任务二

网球肘的预防与恢复

≡▶ 任务描述

通过对网球肘相关肌群的肌力练习,学会网球肘的预防与功能恢复,以便适应未来工作需求。

≡▶ 学习目标

1. 了解网球肘产生的原因和预防的方法。
2. 能运用科学的体育锻炼方法,通过器械练习强化肘关节周围肌肉的耐力。
3. 具备勇敢顽强、坚韧不拔、严谨细致、健康向上的精神。

≡▶ 相关知识

一、网球肘的概念

肱骨外上髁炎,又名肘外侧疼痛综合征,俗称网球肘(图 2-2-1)。以肘关节外侧疼痛、用力握拳及前臂做旋前伸肘动作(如拧毛巾、扫地)时可加重,局部有多处压痛,而外观无异常为主要临床表现。

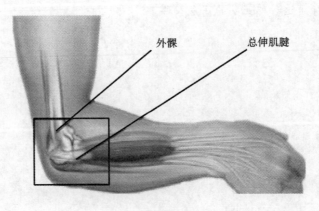

图 2-2-1

二、网球肘的病因

网球肘是一种十分常见的软组织损伤,造成网球肘的主要原因在于手腕伸直肌的过度使用,做了超过这块肌肉本身肌肉力量、肌肉耐力、柔软度所能负荷的相关动作,如长时间拎重物、打网球时错误的姿势和技巧、网球拍过重等,从而导致腕伸肌的止点肱骨外上髁处产生了无菌性炎症(图2-2-2)。与此同时,网球肘不仅发生于从事运动的爱好者中,在生活里很多的动作会引起网球肘。例如:拧毛巾、提重物、敲架子鼓等,用到腕伸肌的动作很容易引起肱骨外上髁炎。

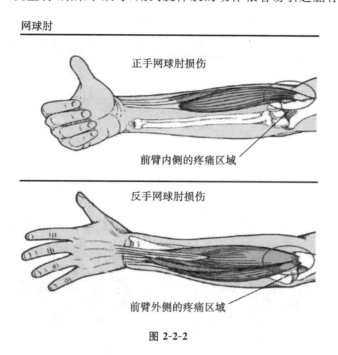

图 2-2-2

三、网球肘的症状表现

网球肘症状往往是逐渐出现,初始为做某一动作时肘外侧疼痛,休息后缓解,以后疼痛为持续性,轻者不敢拧毛巾,重者提物时有突然"失力"现象。一般在肱骨外上髁局部有局限的压痛点,压痛可向桡侧伸肌腱总腱方向扩散。局部无红肿现象,肘关节屈伸一般不受影响,但有时前臂旋前或旋后时局部疼痛。晨起时关节有僵硬现象。因患肢在屈肘、前臂旋后位时疼痛常缓解,故患者多选择这种姿势。部分患者在肘部劳累、阴雨天疼痛加重。

四、网球肘的预防

(一)注意工作或运动姿势是否正确

需注意工作或运动的姿势是否正确,同时勿长时间频繁使用单一特定肌群,或是过度运动(运动时间过长或运动强度过高)。必要时,可佩戴适当的手肘护具或弹性绷带加压于手肘远端3~5 cm处,将肌肉绷紧,使肌肉在用力时较不会将力量集中在一点,以免再度受伤。

(二)切实做好热身运动

工作或运动之前,切实做好手肘与手腕的热身运动。通过拉伸可有效增加软组织的延展性,提升肌肉的运动强度。如可将肘关节伸直合并腕关节弯曲,用另一手协助拉至紧绷处并维持30秒。

(三)针对手肘痛点进行深层按摩

洗完热水澡或进行热敷后,可以对手肘痛点进行深层按摩。将手肘自然放松地放在桌面上,用另一只手的大拇指指腹进行深层按压。以缓而深的原则按摩手肘,每次按摩以10次按压为宜，切勿一口气按压太多次。深层按压时会产生疼痛感，此为正常现象，按摩完后稍加静置休息即可。

网球肘是过劳性损伤，平时预防十分重要。无论是工作、运动，还是做家务，伸肘和伸腕都不要用力过猛，屈肘和屈腕时也应尽量缓和，连续工作的时间不宜太长，中间应适当休息，平时要多活动手腕，适当改变工作习惯，不要长时间固定一种姿势，注意避免肘关节吹风、着凉，这样可以预防网球肘的复发。

任务实施

一、尝试治疗"网球肘"

（一）放松疲劳组织

采取仰卧位，手臂放松，患侧手背向上（前臂旋前），操作者用手指关节推压患者肘关节外侧的筋膜和其他组织，保持30秒，以达到放松效果（图2-2-3）。

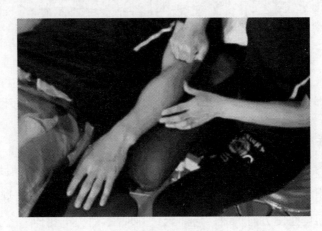

图 2-2-3

（二）牵拉紧张肌群

如图2-2-4所示，保持站立位，手背抵住墙壁，前臂出现牵伸感时保持30秒。

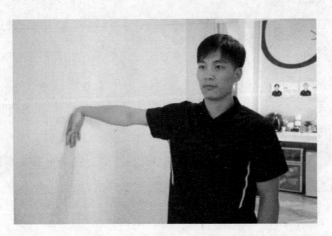

图 2-2-4

(三)进行肌力训练

练习早期最简单的训练内容就是提高肌力,一定的肌力训练也是之后形成正确动作模式的基础。肌力训练需从静态抗阻到动态抗阻,循序渐进地加强肌力,频率应根据个体体能状态来确定。

二、有针对性地恢复网球肘

针对不同网球肘患者,请你选择合适的治疗方法,并示范操作。

(一)向外翻(前臂旋后肌群)

(1) 轻度炎症。

自身准备:穿好运动服、运动鞋。肘部进行3~5分钟的热身和拉伸活动。

器械准备:检查器械是否完好,凳子是否稳定。

准备姿势:坐位,屈曲手臂搭在大腿上,掌心向上,将弹力带两端系紧成一个环状,一端绕过脚掌固定,另一端手掌握住,保持旋后抗阻的姿势,坚持10秒,每组练习3次(图2-2-5)。

(2) 中度炎症。

同上体位,进行全范围的前臂外旋抗阻练习,动作不宜过快。每组10~20个(图2-2-6)。

图 2-2-5

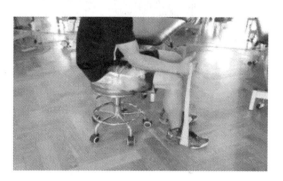
图 2-2-6

向外翻操作示范

常见错误:手臂与大腿贴合不紧密,运动中低头含胸,运动速度过快。

纠正方法:手臂与大腿紧密贴合,保持身体正直,腰部固定,动作速度放慢。

(二)正向翻(前臂屈腕肌群)

(1) 初级阶段动作。

体位如图2-2-7所示,肘关节屈曲,前臂紧贴大腿,掌心向上,腕关节做静态屈曲抗阻练习,保持10秒,每组练习3次。

(2) 高级阶段动作。

体位如图2-2-8所示,进行全范围的屈腕肌群抗阻练习,动作不宜过快,每组10~20个。

正向翻初级阶段操作示范

(三)反向翻(前臂伸腕肌群)

(1) 初级阶段动作。

体位如图2-2-9所示,调整座椅高度,尽量使前臂贴紧大腿,掌心向下,腕关节做静态伸腕抗阻练习,保持10秒,每组练习3次。

(2) 高级阶段动作。

体位如图2-2-10所示,进行全范围的伸腕肌群抗阻练习,动作不宜过快,每组10~20个。

正向翻高级阶段操作示范

图 2-2-7　　　　　　　　　　　　图 2-2-8

图 2-2-9　　　　　　　　　　　　图 2-2-10

（四）向内翻（前臂旋前肌群）

（1）初级阶段动作。

体位如图 2-2-11 所示，前臂搭放在大腿上，手背朝上，保持旋后抗阻的姿势，坚持 10 秒，每组练习 3 次。

（2）高级阶段动作。

体位如图 2-2-12 所示，进行全范围的前臂外旋抗阻练习，动作不宜过快。每组 10～20 个。

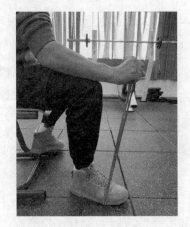

图 2-2-11　　　　　　　　　　　　图 2-2-12

常见错误：手臂与大腿没有紧密贴合，动作过快。

纠正方法：动作放慢，手臂与大腿贴合，感受手腕随着器械的拉力拉伸。

评价与检测

一、评价

评价内容及标准	赋分/分	等级(请在相应位置画"√")			
		优秀	较优秀	合格	待合格
正确说出网球肘的预防方法	30	30	25	20	15
能运用正确的方法通过器械进行相关肌肉训练	50	50	40	30	20
态度认真、团结协作	20	20	15	10	5
总分	100	实际得分:			

二、检测练习

(1) 肱骨外上髁炎,又名肘外侧疼痛综合征,俗称_____。

(2) 造成网球肘的主要原因在于_____肌的过度使用。

(3) 肌力训练需从_____抗阻到_____抗阻,循序渐进加强肌力。

拓展练习

制订一份针对自己或他人的网球肘治疗恢复计划,并帮助他人完成。

(1) 第一个动作:拉伸练习,右手臂伸直掌心向前,掌指向上,左手握住右手指直向后拉,停10秒左右。做3组后,换左臂练习,方法同上。

(2) 第二个动作:右手臂伸直掌心向后,掌指向下,左手握住右手指向后拉,停10秒左右。做3组后,换左臂练习,方法同上。

(3) 第三个动作:力量练习,手臂放在桌面或椅子上,手心向下,手握住小哑铃或者饮料瓶之类的重量适中的方便物品,手腕向上翻动。练到手臂肌肉酸胀为止。

(4) 第四个动作:这个动作要在第三个动作练习一段时间后才能练习,因为经过第三个动作的力量练习后,手臂已经恢复得差不多了,可进行强化练习。这个动作也是练习武术的一个专项动作,准备一根木棒,系一根绳子在上面,下面吊一块砖或者一个哑铃。重量随着力量的加强而增加。先把绳子放直,然后用手腕的力量把绳子卷起,重复七八次,做3组。

知识链接

预防网球肘的注意事项

一、日常生活管理

在网球肘症状得到充分缓解后,每晚可热敷肘关节外侧,每次15~20分钟,避免吃辛辣食物。尽量避免做拧毛巾、提重物等动作,日常活动可佩戴护肘,使肌肉和肌腱得到一定程度的放松,起到预防或缓解疼痛症状的作用。

二、日常病情监测

患者可根据疼痛出现的频率和强度判断病情是否有进展,如出现症状加重应及时前往医院就诊。

三、特殊注意事项

在出现网球肘症状后应及时休息,及时停止过度使用前臂的活动或工作,直到症状完全缓解后再继续进行。

四、加强力量锻炼

通过适当锻炼,加强前臂、上臂和肩部的肌肉力量,有助于稳定肘关节,在运动中能起到对肘关节更好的保护作用。例如,可通过哑铃弯举的方法进行锻炼,具体操作方法如下:身体直立,也可坐于板凳上,双手持适当重量哑铃垂于体侧,掌心相对,两肘贴靠身体两侧。以肘关节为支点,一侧手臂向上举哑铃,同时前臂外旋掌心朝上,举至最高点收紧肱二头肌,稍停,然后慢慢将哑铃放下,接着另侧一手臂做相同动作,每组做10～15次,重复3～5组。

任务三

颈椎病的预防与恢复

≡▶ 任务描述

通过徒手锻炼增强颈部肌肉肌力的方法,改善颈部生理伸曲度及稳定性,从而预防及治疗颈椎病,以便适应岗位工作需求。

≡▶ 学习目标

1. 正确说出颈椎病的病因及症状,学会颈椎病的物理诊断方法。
2. 能科学地运用七种徒手锻炼方法提高颈部生理伸曲度及稳定性,达到强化肌肉的效果。
3. 具备勇敢顽强、坚韧不拔、严谨细致、健康向上的精神。

≡▶ 相关知识

一、颈椎病的概念

颈椎病又称颈椎综合征,是颈椎骨关节炎、增生性颈椎炎、颈神经根综合征、颈椎间盘突出症的总称,是一种以退行性病理改变为基础的疾病。主要由于颈椎长期劳损、骨质增生,或椎间盘突出、韧带增厚,致使颈椎脊髓、神经根或椎动脉受压,出现一系列功能障碍的临床综合征。表现为椎节失稳、松动,髓核突出或脱出,骨刺形成,韧带肥厚和继发的椎管狭窄等,刺激或压迫了邻近的神经根、脊髓、椎动脉及颈部交感神经等组织,引起一系列症状和体征。颈椎病可分为颈型颈椎病、神经根型颈椎病、脊髓型颈椎病、椎动脉型颈椎病、交感神经型颈椎病、食管压迫型颈椎病。

二、颈椎病的病因

(一)颈椎的退行性病理改变

颈椎退行性病理改变(简称退变)是颈椎病发病的主要原因,其中椎间盘的退变尤为重要,是颈椎诸结构退变的首发因素,并由此演变出一系列颈椎病的病理解剖及病理生理改变。①椎间盘变性;②韧带-椎间盘间隙的出现与血肿形成;③椎体边缘骨刺形成;④颈椎其他部位的退变;⑤椎管矢状径及容积减小。

(二)发育性颈椎椎管狭窄

近年来已明确颈椎椎管内径,尤其是矢状径,不仅与颈椎病的发生与发展有关,而且与颈椎病的诊断、治疗、手术方法选择以及预后判定均有着十分密切的关系。有些人颈椎退变严重,骨质增生明显,但并不发病,其主要原因是颈椎矢状径较宽,椎管内有较大的代偿间隙。而有些患者颈椎退变并不十分严重,但症状出现早而且比较严重。

(三)慢性劳损

慢性劳损是指超过正常生理活动范围的最大限度或局部所能耐受时的各种超限活动。因其有别于明显的外伤或生活、工作中的意外,因此易被忽视,但其对颈椎病的发生、发展、治疗及预后等都有着直接关系,此种劳损的产生与起因主要来自以下四种情况。

1. 不良的睡眠体位　不良的睡眠体位因其持续时间长及在大脑处于休息状态下不能及时调整,必然造成椎旁肌肉、韧带及关节的平衡失调。

2. 不当的工作姿势　大量统计材料表明某些人虽然工作量不大,强度不高,但常处于坐位,尤其是低头工作者的颈椎病发病率较高,包括家务劳动者、刺绣女工、办公室人员、打字抄写者、仪表流水线上的装配工等。

3. 不适当的体育锻炼　正常的体育锻炼有助于健康,但超过颈部耐量的活动或运动,如以头颈部为负重支撑点的人体倒立或翻筋斗等,均可加重颈椎的负荷,尤其在缺乏正确指导的情况下。

4. 颈椎的先天性畸形　在对正常人颈椎进行健康检查或做对比研究性摄片时,常发现颈椎段可有各种异常现象,其中骨骼明显畸形约占5%。

三、颈椎病的判断方法

颈椎病的试验检查即物理检查,包括以下几种。

1. 前屈旋颈试验　颈部前屈,嘱患者向左右旋转活动,如颈椎处出现疼痛,表明颈椎小关节有退变。

2. 臂丛牵拉试验　患者低头,检查者一手扶患者头颈部,另一手握患侧腕部,朝相反方向推拉,看患者是否感到放射痛或麻木,这称为 Eaten 试验。如牵拉同时再迫使患肢做内旋动作,则称为 Eaten 加强试验。

3. 上肢后伸试验　检查者一手置于患者健侧肩部起固定作用,另一手握于患者腕部,并使其逐渐向后、外呈伸展状,以增加对颈神经根的牵拉,若患肢出现放射痛,表明颈神经根或臂丛神经有受压或损伤。

▶ 任务实施

颈椎病恢复性练习包括如下内容。

(一)改善颈部活动度

1. 颈部左右侧屈训练(图 2-3-1、图 2-3-2)

动作要领:训练时先深呼吸,在吸气的同时颈部向左偏伸,呼气时回到中立位,右偏训练同上。以上动作均做5~6次。

目的与作用:伸展椎体左右侧附着韧带肌肉,增强颈椎周围肌肉肌力,增加颈椎侧方活动度。

图 2-3-1　　　　　　　　　　　　图 2-3-2

2. 颈部前屈后伸训练（图 2-3-3）

动作要领：训练的时候先深呼吸，在吸气同时颈部往前屈曲，呼气的时候颈部回复中立位，后伸训练同上。以上动作进行 5～6 次。

目的与作用：牵张椎体前后方韧带还有肌肉，增强颈椎屈伸肌群肌力增进，增加颈椎前后方向活动度。

(a)　　　　　　　　　　　　(b)

图 2-3-3

3. 颈部旋转训练（图 2-3-4）

动作要领：颈部先往右侧屈曲、外旋，再往后伸展，最后左侧屈曲、内旋，以上动作进行 5～6 次。

目的与作用：伸展椎体周围韧带肌肉，滑润椎体间关节，改善颈椎各方向活动度。

4. 颈椎椎体旋转运动（图 2-3-5）

动作要领：头颈向右后转，目视右方；头颈向左后转，目视左方。以上动作均做 5～6 次。

目的与作用：改善下位颈椎活动度，增强其周围肌肉肌力，滑润椎间关节。

（二）提高颈部稳定性

1. 缩颈提肩运动（图 2-3-6）

动作要领：训练开始的时候深呼吸，靠颈项肌肉尽量将上部向上移动。接着自然放松，以上

缩颈提肩运动操作示范

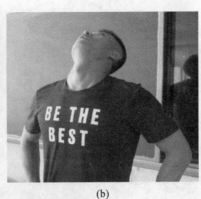

图 2-3-4

图 2-3-5

动作进行 5～6 次。

目的与作用：增强颈部颈夹肌、头半棘肌、斜方肌、菱形肌的肌力，增强颈椎稳定性。

2. 颈部左右侧屈抗阻训练（图 2-3-7）

动作要领：训练的时候先深呼吸，在吸气的同时颈部往左偏伸，同时以同侧上肢放到该侧头颅顶颞部并施加一定的阻力，尽力向左偏，呼气的同时颈部缩回，右侧屈抗阻训练同上。以上动作进行 7～8 次。

目的与作用：增强双侧胸锁乳突肌的肌力，增强颈椎侧方稳定性。

颈部左右侧屈抗阻训练操作示范

Note

图 2-3-6

(a)　　　　　　　　　　　(b)

图 2-3-7

3. 颈部后伸抗阻训练（图 2-3-8）

动作要领：训练的时候先深呼吸，在吸气的同时将双手交叉于头颅枕部，尽量使颈部后伸，以上动作做 3~5 次。

目的与作用：增强颈椎椎体后群肌肉的肌力和颈椎前后稳定性。

图 2-3-8

颈部后伸抗阻训练操作示范

评价与检测

一、评价

评价内容及标准	赋分/分	等级(请在相应位置画"√")			
		优秀	较优秀	合格	待合格
正确说出颈椎病的病因、症状及物理检查方法	30	30	25	20	15
能运用正确方法徒手进行相关肌肉的训练	50	50	40	30	20
具有克服困难、团结协作的意识和严谨、细致的学习态度	20	20	15	10	5
总分	100	实际得分:			

二、检测练习

(1)颈椎病又称_____,是颈椎骨关节炎、增生性颈椎炎、颈神经根综合征、颈椎间盘突出症的总称。

(2)颈椎病的临床症状较为复杂。主要有_____、_____、_____等症状。

(3)颈部左右侧屈抗阻训练是伸展椎体左右侧附着韧带肌肉,增进颈椎周围肌肉_____,增加颈椎侧方_____。

拓展练习

尝试做自我保健操,帮助颈椎病患者进行治疗,下面让我们一起学习颈椎病保健操的动作。

第一式:提托头颈。

站立,头部微微后仰,双手交叉托于头后方,向上提托头颈,一张一弛,重复30～50次。可同时配合胸背部后仰,活动脊柱的上部及胸廓、肩背等部位,以达到放松关节的作用。

第二式:与颈争力。

站立,双手叉腰,两脚分开与肩同宽,反复做抬头看天、低头看地的运动。练习时,胸部保持不动,抬头时尽量上抬,以能看到头顶上方的物体为宜,低头时,下颌尽量内收。

第三式:颈项侧弯。

站立,双手叉腰,两脚分开与肩同宽,分别做左右交替的颈椎侧弯活动,侧弯时尽量用耳朵去碰触同侧肩膀,停留5秒,每次重复20～30次。

第四式:前伸探海。

站立,双手叉腰,两脚分开与肩同宽,头颈前伸并侧转,窥探前下方,犹如向海底窥探物体一样,前后交替,反复进行。在练习时,动作要自然、连贯、和缓,头颈始终保持前屈位。

第五式:回头望月。

站立,双手叉腰,两脚分开与肩同宽,头颈转向身后,看身后天空,左右交替,如此反复15~30次。此式尤其适合颈椎后仰及旋转受限的颈椎病患者。

知识链接

颈椎病引发的并发症

颈椎病不仅给我们带来疼痛,同时可引发多种并发症,如下所列。

一、吞咽障碍

吞咽时有梗阻感、食管内有异物感,少数人有恶心、呕吐、声音嘶哑、干咳、胸闷等症状。这可能是因颈椎前缘直接压迫食管后壁而引起食管狭窄,也可能是因骨刺形成过快使食管周围软组织受到刺激而引起。

二、视力障碍

表现为视力下降、眼胀痛、怕光、流泪、瞳孔大小不等,甚至出现视野缩小和视力锐减,个别患者还可失明。这与颈椎病造成自主神经紊乱及椎基底动脉供血不足而引发的大脑枕叶视觉中枢缺血性病损有关。

三、颈心综合征

表现为心前区疼痛、胸闷、心律失常(如期前收缩等)及心电图ST段改变,易被误诊为冠心病。这是颈背神经根受颈椎骨刺的刺激和压迫所致。

四、高血压颈椎病

可引起血压升高或降低,其中以血压升高为多,称为"颈性高血压"。由于颈椎病和高血压皆为中老年人的常见病,故两者常常并存。

五、胸部疼痛

表现为起病缓慢的顽固性的单侧胸大肌和乳房疼痛,检查时有胸大肌压痛。这与颈6和颈7神经根受颈椎骨刺压迫有关。

六、下肢瘫痪

早期表现为下肢麻木、疼痛、跛行,有的患者在走路时有如踏棉花的感觉,个别患者还可伴有排便、排尿障碍,如尿频、尿急、排尿不畅或大小便失禁等。这是因为椎体侧束受到颈椎骨刺的刺激或压迫,导致下肢运动和感觉障碍。

七、猝倒

常在站立或走路时因突然扭头出现身体失去支撑力而猝倒,倒地后能很快清醒,不伴有意识障碍,亦无后遗症。此类患者可伴有头晕、恶心、呕吐、出汗等自主神经功能紊乱的症状。这是因为颈椎增生性改变压迫椎动脉引起椎基底动脉供血障碍,导致一时性脑供血不足。

任务四

腰肌劳损的预防与恢复

▶ 任务描述

通过学习器械锻炼及徒手锻炼,增强腰背肌肌力,增强腰椎的稳定性,加强核心肌群锻炼,从而预防及治疗腰肌劳损,以便适应岗位工作需求。

▶ 学习目标

1. 正确说出腰肌劳损的概念、原因及症状。
2. 能通过5～7种器械锻炼及徒手锻炼增强腰背肌肌力的方法,增强腰椎的稳定性,加强核心肌群锻炼。
3. 具备勇敢顽强、坚韧不拔、严谨细致、健康向上的精神。

▶ 相关知识

一、腰肌劳损的概念

腰肌劳损,又称功能性腰痛、慢性下腰损伤、腰臀肌筋膜炎等,实为腰部肌肉及其附着点筋膜或骨膜的慢性损伤性炎症,是腰痛的常见原因之一,主要症状是腰或腰骶部胀痛、酸痛,反复发作,疼痛可随气候变化或劳累程度而变化,如日间劳累加重,休息后可减轻,时轻时重,为临床常见病、多发病,发病因素较多。其日积月累,可使肌纤维变性,甚至少量撕裂,形成瘢痕、纤维索条或粘连,长期出现慢性腰背痛。

二、腰肌劳损的原因

1. 积累性损伤 久坐久站或经常搬抬重物等,腰肌长时间处在一个高张力牵伸的状态,受力大而频繁的组织就会出现小的纤维断裂损伤,损伤修复后,遗留瘢痕和粘连。腰肌劳损患者会局部出现反应性炎症,导致腰肌疼痛。

2. 体弱、内脏病变 体弱、内脏病变也会使腰背部应激能力下降产生疼痛;妊娠后期腰部负重增加也容易产生腰肌劳损。

3. 腰椎先天性畸形 如腰椎骶化、隐性骶椎裂等均可使肌肉、筋膜等组织缺少附着点,造成结构上的薄弱,当活动频繁或负重加大时,容易发生腰肌劳损。

4. 急性腰扭伤治疗不当 腰伤在急性期治疗不彻底,损伤的肌肉、筋膜修复不佳,产生较多瘢痕和粘连,致使腰部功能减弱出现疼痛,常感腰部无力,阴雨天则腰酸背痛。

三、腰肌劳损的症状

(1) 腰部乏力,稍有不慎即有"扭伤感",症状随之加重,并伴有腰部活动障碍。临床检查腰部肌肉松软、无力,无明显压痛等一系列腰肌劳损的症状。

(2) 不能坚持弯腰工作。常被迫时时伸腰或以拳头击腰部以缓解疼痛。

(3) 在疼痛的部位有固定的压痛点,多位于肌肉起止点附近,叩击压痛点时,患者能明显感觉到疼痛程度有所减轻。

(4) 腰部活动基本正常,一般无明显障碍,但有时腰肌劳损患者会有牵掣不适感。不能久坐久站,不能胜任弯腰工作,弯腰稍久便直腰困难,常喜双手捶击腰背部。

(5) 腰部外形及活动多无异常,也无明显腰肌痉挛,少数患者腰部活动稍受限。

(6) 长期反复发作的腰背部酸痛不适,或呈钝性胀痛,腰部沉重,如负重物,时轻时重,缠绵不愈。

任务实施

预防急、慢性腰部损伤和腰痛发生的锻炼

加强腰背部肌肉的锻炼,有助于维持及增强腰椎的稳定性,从而延缓腰椎劳损退变的进程,可以有效地预防急、慢性腰部损伤和腰痛的发生。

(一) 腰部放松练习

使用较软的泡沫轴全面放松整个腰部(图 2-4-1),特别是腰方肌、竖脊肌、阔筋膜张肌、股四头肌等肌肉,可以改善肌肉僵硬感、紧张感,也能促进局部的血液循环,促进肌肉恢复。

图 2-4-1

(二) 核心肌群锻炼

1. 平板支撑(图 2-4-2)

姿势:俯卧位,保持髋部紧贴体操垫,用肘部将上身撑起,使腰部轻轻后伸。开始要轻轻缓慢进行练习,最初保持后伸的姿势 5 秒,逐渐增加到 30 秒,重复 10 次。

平板支撑操作示范

图 2-4-2

2. 腹部拉伸(图 2-4-3)

姿势：俯卧位，保持骨盆与体操垫紧贴，用手轻轻托起上身，在此过程中保持腰部和臀部的放松。在此姿势下保持 1 秒，重复 10 次。

腹部拉伸操作示范

图 2-4-3

3. 仰卧起(图 2-4-4)

姿势：俯卧位，骨盆部位垫一薄枕，双手放于腰部，轻轻抬起头和胸部，保持双眼直视地面。开始时坚持 5 秒，逐渐增加到 20 秒，争取重复 8~10 次。

仰卧起操作示范

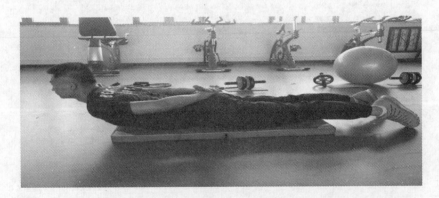

图 2-4-4

4. 两头起(图 2-4-5)

姿势：俯卧位，头和胸部紧贴体操垫，轻轻抬起双臂和双腿，缓慢离开体操垫 5~8 cm。开始坚持 5 秒，重复 8~10 次。目标是在此姿势下，坚持 20 秒。

两头起操作示范

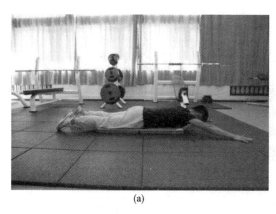

图 2-4-5

5. 卷腹(图 2-4-6)

姿势：仰卧位，双膝关节屈曲，双手胸前交叉，上身轻轻抬离体操垫。坚持 2～4 秒，然后轻轻放平到开始的姿势，重复 10 次。此法用于上腹部肌肉的练习，此前的练习主要是锻炼腰背部肌肉。

图 2-4-6

卷腹操作示范

6. "飞燕"训练(图 2-4-7)

俯卧体操垫上，双手背后，用力挺胸抬头，使头、胸离开体操垫，同时膝关节伸直，两大腿用力也离开体操垫，坚持 3～5 秒，然后放松肌肉，休息 3～5 秒，此为一个周期。

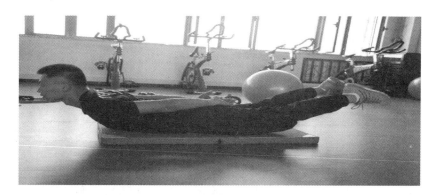

图 2-4-7

"飞燕"计划操作示范

7. 五点支撑法(图 2-4-8)

仰卧在体操垫上，双肘部及头部顶住体操垫，腹部及臀部向上抬起，依靠头部、双肘部和双脚这五点支撑起整个身体的重量。

五点支撑法操作示范

静态拉伸操作示范

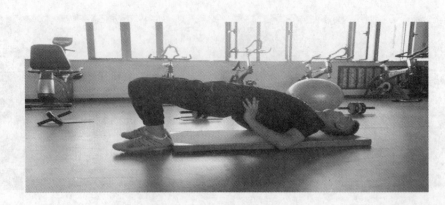

图 2-4-8

(三)静态拉伸(图 2-4-9)

拉伸对肌肉而言是非常重要的,它本身也是预防运动损伤的一种非常有效的办法。通过拉伸可以防止肌肉挛缩,也能起到很好的放松作用。拉伸腰部可以采用图中常见的动作。

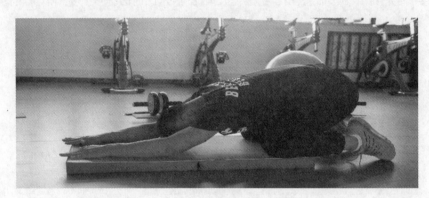

图 2-4-9

评价与检测

一、评价

评价内容及标准	赋分/分	等级(请在相应位置画"√")			
		优秀	较优秀	合格	待合格
能正确说出腰肌劳损的原因及症状	30	30	25	20	15
能运用正确方法进行器械或徒手肌肉锻炼	50	50	40	30	20
具有关注健康、积极锻炼的良好锻炼习惯	20	20	15	10	5
总分	100	实际得分:			

二、检测练习

(1)腰肌劳损,又称_____、_____、_____等,实为腰部肌肉及其附着点筋膜或骨膜的慢性损伤性炎症,是腰痛的常见原因之一。

（2）腰肌劳损主要症状是＿＿＿＿＿＿、＿＿＿＿＿＿、＿＿＿＿＿＿等，疼痛可随气候变化或劳累程度而变化，如日间劳累加重，休息后可减轻，时轻时重，为临床常见病、多发病，发病因素较多。

（3）使用较软的泡沫轴全面放松整个腰部，特别是＿＿＿＿＿＿、＿＿＿＿＿＿、＿＿＿＿＿＿、＿＿＿＿＿＿等肌肉，可以改善肌肉僵硬感、紧张感，也能促进局部的血液循环，促进肌肉恢复。

拓展练习

腰肌劳损的保健护理方法。

1. 仰卧屈膝　平躺，两腿屈膝，尽量贴近胸部，两手抱小腿，腰背肌肉放松，坚持10秒，30次为1组，每天早晚各1组。此动作为腰背肌的静力拉伸训练。

2. 背桥练习　平躺，双足、双肩、头部着床，向上挺腹，挺至最高处坚持30秒，缓慢放下，重复5～10次为1组。每天早晚各1组。此动作为腰背肌的力量训练。

3. 腹肌训练　腰肌劳损的患者除了要练习腰背肌外，还要练习腹肌。但是腹肌的练习要延后一些，需要先将前两个动作练习一段时间，感觉腰背肌有力量之后再开始腹肌的训练。另外，腹肌的训练适合单纯的腰肌劳损患者，如果合并有腰椎间盘突出者，不推荐此动作。

知识链接

腰肌劳损的预防

腰肌劳损已经成了我们身边的常见病、多发病，疾病的发生会导致身体的腰部酸痛，并且在劳累后加重，给患者带来了很大的痛苦，因此做好预防工作，如何避免发生腰肌劳损是我们需要了解的。

1. 腰肌锻炼保健法　患者取仰卧位，首先双脚、双肘和头部五点支撑于床上，将腰、背、臀和下肢用力挺起稍离开床面，坚持至感到疲劳时，再恢复平静的仰卧位休息。按此法反复锻炼10分钟左右，每天早晚各锻炼一次。

2. 俯卧保健法　患者采取俯卧位，将双上肢反放在背后，然后用力将头胸部和双腿用力挺起离开床面，使身体呈反弓形，坚持至稍感疲劳为止。依此法反复锻炼10分钟左右，每天早晚各一次。如果长期坚持锻炼，可预防腰肌劳损的发生和发展。

3. 腰背部叩击按摩保健法　患者采用端坐位，先用左手握空拳，用左拳在左侧腰部自上而下轻轻叩击10分钟后，再用左手掌上下按摩或揉搓5分钟左右，一日两次。右侧手法与左侧相同。待自己感到按摩区有灼热感时，效果更好，运动后自觉无比舒服。此法能促进腰部血液循环，解除腰肌的痉挛和疲劳，对防治中老年性腰肌劳损效果良好。

4. 热敷或理疗　每天晚上可用热水袋或热疗灵在疼痛部位热敷，也可将麸皮1.5 kg在铁锅内炒糊后，再加食醋0.25 kg迅速搅拌均匀，装入自制布袋内，然后放置在腰痛部位并用被子盖好保暖热敷。有条件的家庭可自购远红外线热疗器或周林频谱治疗仪等进行理疗。此法能促进腰部血液循环，还能祛风湿、活血通络，对治疗腰肌劳损患者效果良好。

任务五

疏解心理紧张情绪

≡▶ 任务描述

通过学习心理基本知识,尝试运用科学的心理疏导方法、心理调适游戏等放松紧张情绪,保持心理健康状态。

≡▶ 学习目标

1. 知道心理情绪紧张的主要原因。
2. 能通过科学的方法缓解紧张情绪,保持心理健康状态。
3. 具有控制情绪的意识,形成自信和积极健康的精神状态。

≡▶ 相关知识

一、心理紧张情绪的概念

心理紧张情绪指当个体对某一事物或活动有所需求时,产生的一种紧张的心理系统或心理状态。心理紧张情绪可使个体产生未得到满足的不安,并形成一种力求实现满足的心理动力,直至此种需求得到满足,紧张才能解除。心理紧张是人们生活中不可避免的,作为紧张性刺激作用于人的结果,心理紧张可以提高警觉度,以便做好操作的准备,从这方面来看,心理紧张是有益的;但是从另一方面来看,一个人如果长期处于心理紧张状态或紧张状态过于强烈,以致超过他的适应能力,就可能受这种紧张的损害,引发各种疾病。

二、心理紧张情绪产生的原因

紧张是每个人与生俱来的一种情绪,是在外界刺激下身体和精神共同产生的加强反应,产生的主要原因是对未知的恐惧。但每个人的感知程度不同,产生紧张情绪的强烈程度也不同。其实紧张也有自身的优缺点,它既可以调动积极性来强化自己,也可以让人产生烦躁抑郁的情绪。为什么人会紧张呢,心理学家归纳了以下5点原因。

1. 渴望取悦对方　做一件事情没有十足的把握时,会让人产生紧张的情绪,其实紧张会给你带来集中感,快速地进入状态,尽可能地完成目标。所以有时候我们应该感谢它,是它在最短的时间来配合你的行动,而不是仅仅产生厌烦的情绪。紧张产生的根本原因正是害怕这种取悦行为失败。如果不喜欢这种紧张的状态,可以思考一下这些取悦他人的行为,对自己来说是否有意义。

2. 目标脱离实际 有的人会给自己设定很多标签,比如:风趣幽默、知识渊博又不失儒雅等。他们认为只有这样才能赢得更多人的关注,才是能力的体现。但他们似乎从来没有思考过现实与理想的差距,总想着如何表现完美。一些情况下他们深知自己无法完成却还要伪装成可以解决的样子,以此来获取内心的平衡。如果无法伪装便会极度恐慌,害怕因自己的无能引发他人对自己的轻视。心理学家认为,这种紧张的产生是源于对自己缺乏了解,对自己能力预估超出了真实的范围,无形中给自己带来了压力。

3. 感觉到危险 和朋友在一起时你可能侃侃而谈,但在小礼堂做演讲可能就会不一样,那么如果是去国家大剧院表演又会是哪种状态呢?做同样的事情,因为环境和氛围的改变产生的紧张情绪是天壤之别的。假设你正在一个狭小的空间和陌生人共处,这种情形下还能悠然自若的人寥寥无几。其实说话内容本身没有发生难度的变化,但环境变化导致风险性提高,进而提高了紧张的程度。

4. 目的性过于明确 有些人从小到大都是别人眼中的焦点,可以轻易地引起周围人的关注,不断得到赞赏和夸奖。而有些人却总是扮演着衬托红花的绿叶,这种不被在意的感觉会让他们很难过。也正因为这部分人缺失感的堆积,会出现对目标追求过于激进的行为,甚至会为此拼尽所有导致说话紧张。

5. 不把自己放在眼里 把重点放在别人那里,对方没有肯定你,你就会感到紧张,这是轻视自己的表现。

三、心理紧张情绪的表现

1. 全身紧张 情绪亢奋或躁动、活动力增加、注意力难以集中、身心能量损耗较快。自己感觉不能放松下来,全身紧张。有的常表现为面部绷紧、眉头紧皱、表情紧张、唉声叹气,有些人出现讲话口吃,词不达意。小动作增多,甚至咬牙、吹哨、拗手指、坐立不安。

2. 自主神经系统反应过强 交感和负交感神经系统常常超负荷工作,会出现出汗、晕眩、呼吸急促、心动过速、身体发冷或发热、手脚冰凉或发热、胃部难受、大小便过频、喉头有阻塞感等身体症状,这些表现都是典型的心理情绪过度紧张的症状。

3. 过分机警 对周围环境的每个细微动静都充满警惕。心理情绪紧张的人无时无刻不处在警惕状态,影响了他们干其他的工作。

4. 心烦意乱 心理情绪紧张时,会导致胡思乱想,将原本很小的问题放大或臆想出各种状况,出现恐惧与担心,因此出现坐立不安、心神不宁。

5. 长期精神紧张 长期精神紧张、对周围环境难以适应、心理情绪紧张者可能会出现失眠、易醒等睡眠障碍,甚至还会出现头部胀痛、颈腰酸痛、血压增高、新陈代谢率增高等症状。

▶ 任务实施

体验放松的感受。

一、活动目的

(1)学会释放紧张情绪,懂得松弛之道。

(2) 体验放松的感觉,掌握自我放松的要领和技巧。

二、活动时间

30 分钟。

三、活动道具

音响设备。

四、活动场地

室内体育馆。

五、活动程序

(1) 热身"过电"游戏:全体同学站成一个圈,伸出左手手心向下,伸出右手食指向上与相邻同学的左手手心接触。主持人随机喊一些数字,当喊尾数是 7 的数字时,学生要设法左手抓、右手逃,以体验紧张的感觉,可反复几次。

(2) 进行想象放松:播放轻柔的音乐,根据老师的指导语进行想象放松。

我仰卧在水清沙白的海滩上,沙子细而柔软。我躺在温暖的沙滩上,感受阳光的温暖,耳边能听到海浪的声音,温暖而舒适。微风吹来,使我有说不出的舒畅感觉。微风带走我的思想,只剩下一片金黄阳光。海浪不停地拍打海岸,思绪随着海浪漂浮,涌上来又退下去。温暖的海风吹来,又离去,带走了心中的思绪。我感到细沙柔软、阳光温暖、海风轻缓,只有蓝色天空和大海笼罩我的心。阳光照着我全身,身体感到暖洋洋的。阳光照着我的头,我感到温暖与轻松。

轻松暖流,流进我右肩,感到温暖轻松。呼吸变慢、变深。轻松暖流,流进我右手,感到温暖轻松。呼吸变慢、变深。轻松暖流,又流回我右臂,感到温暖轻松。轻松暖流,又流进我后背,感到温暖轻松,进而从后背转到脖子,脖子也感到温暖轻松。

我的呼吸变慢、变深。轻松暖流,流进左肩,感到温暖轻松。呼吸变慢、变深。轻松暖流,流进了左手,感到温暖轻松。呼吸变慢、变深。轻松暖流,又流回左臂感到温暖轻松。

我呼吸变慢,变得轻松。心跳也慢,有力。轻松暖流,流进右腿,感到温暖轻松。呼吸变慢变深。轻松暖流流进右脚,感到温暖轻松。呼吸变慢变深。轻松暖流,又流回右腿,感到温暖轻松。

呼吸变慢,越来越深,越来越轻松。轻松暖流,流进腹部,感到温暖轻松;流到胃部,感到温暖轻松;最后流到心脏,感到温暖轻松。整个身体变得平静。心里安静极了,已经感觉不到周围的一切,四周好像没有任何东西。我安然躺卧在大自然中,十分自在(静默几分钟后结束)。

(3) 学生分享体验感觉。

六、注意事项

(1) 放松的环境下要保持安静,光线不要太亮,尽量减少其他无关刺激。

(2) 学生可以找到一个放松的姿势,使自己处于放松、不紧张的状态,可以靠在沙发上或坐在椅子上,也可以躺在地板上。

(3) 放松时,学生闭上眼睛并配合深慢均匀呼吸。

(4) 放松训练不是一朝一夕能够奏效的,必须经过数周乃至几个月的练习,方能收到明显的效果。因此,要持之以恒地坚持训练。

评价与检测

一、评价

评价内容及标准	赋分/分	等级(请在相应位置画"√")			
		优秀	较优秀	合格	待合格
能够说出心理情绪紧张的概念;知道心理情绪紧张的原因	30	30	25	20	15
具有自我监测心理情绪状态的意识,能够通过分析了解自身是否存在心理情绪紧张情况	50	50	40	30	20
提高沟通、分享的能力	20	20	15	10	5
总分	100	实际得分:			

二、检测练习

(1) 心理情绪紧张的原因有渴望取悦对方、目标脱离实际、_____、目的性过于明确和不把自己放在眼里。

(2) 心理情绪紧张的表现有过分机警、心烦意乱和_____。

拓展练习

利用课余时间采用呼吸放松法进行心理情绪放松练习。

(1) 穿舒适宽松的衣服,保持舒适的躺姿,两脚向两边自然张开,一只手臂放在上腹,另一只手臂自然地放在身体一侧。

(2) 缓慢地通过鼻孔呼吸,感觉吸入的气体有点凉凉的,呼出的气体有点暖。吸气和呼气的同时,感觉腹部的涨落运动。

(3) 保持深而慢的呼吸,吸气和呼气的中间有一个短暂的停顿。

(4) 几分钟后,坐直,把一只手放在小腹,另一只手放在胸前,注意两手在吸气和呼气中的运动,判断哪一只手活动更明显。如果放在胸部的手的运动比另一只手更明显,这意味着我们采用的是胸式呼吸而非腹式呼吸。我们要尽量选择腹式呼吸。

呼吸放松法可以提示自己身上哪些部位处于紧张状态,想象气体从那些部位流过,带走了紧张,进而达到了放松的状态。

知识链接

飞行的大雁

大雁有一种合作的本能,它们飞行时都有一定的队形。这些大雁飞行时定期变换领导者,因为为首的大雁在前面开路,能帮助它两边的大雁形成局部的真空。科学家发现,大雁以这种形式飞行,要比单独飞行多出12%的距离。

合作可以产生一加一大于二的倍增效果。据统计,诺贝尔获奖项目中,因协作获奖的占三分之二以上。在诺贝尔奖设立的前25年,合作奖占41%,而现在则跃居80%。

启示:分工合作正成为企业中重要的一种工作方式,被更多的管理者所提倡,如果我们能把容易的事情变得简单,把简单的事情也变得很容易,我们做事的效率就会倍增。合作是将事情简单化、专业化、标准化的一个关键,世界正逐步向简单化、专业化、标准化发展,于是合作的方式就理所当然地成了这个时代的产物。

第三单元
职业健体——功能性训练

单元导读

≡▶ 案例导入

烹饪专业学生初到岗位基础厨房工作时,每天会面临繁重的搬运、切配、翻勺等工作,极易引起腕部、小臂、大臂及肩部的肌肉损伤。本单元通过学习肩部、手臂及手腕肌肉的锻炼方法,帮助同学们科学锻炼肌肉,增强身体肌肉的功能性,强化上肢肌肉力量与耐力,提高在岗工作中的效率,降低职业病的发病率。

≡▶ 学习目标

1. 了解身体主要肌肉的名称、部位、运动原理。

2. 能运用健身器械或徒手科学地锻炼主要肌肉,提高上肢肌肉的力量与耐力,并制订个人短期锻炼计划。

3. 具有积极主动学习的态度和勇敢顽强、超越自我的精神,形成自我健康的意识,保持健康文明的生活方式,培养积极进取的人生态度。

学习方法与要求

1. 明确学习任务，制定学习目标，充分理解知识点内容和含义。整合利用资源，通过网络等途径查找相关资料，拓展扩充知识内容，提高运用知识解决问题的能力。

2. 根据自己的情况选择实施任务，主动与同学配合完成，重视同学的信息反馈和帮助，及时总结反思，确定是否达到了自定的目标，进行锻炼计划的修订。

3. 做到学以致用，增强意志力，主动将学习成果用于实践中，调整自身的身体状况，同时提醒和帮助他人，共同形成自我健康的意识。

任务一

前臂肌肉的锻炼方法

≡▶ 任务描述

运用器械锻炼、徒手锻炼等方法增强前臂肌肉的力量,以适应强度较大的工作需求,避免前臂疼痛的发生。

≡▶ 学习目标

1. 知道前臂肌肉练习的原则和方法,掌握前臂肌肉练习的动作要领和注意事项。

2. 学会科学运用2～3种器械进行负重锻炼或徒手锻炼,提高前臂肌肉的力量及耐力,达到强化肌肉的目的。

3. 具备挑战自我、坚韧不拔、勇于担当、团队协作的精神。

≡▶ 相关知识

前臂生理基本构造如下(图3-1-1)。

(一)浅层结构

前臂前区皮肤较薄,移动度较大。浅筋膜中尺侧有贵要静脉及其属支,以及前臂内侧皮神经;桡侧有头静脉及其属支,以及前臂外侧皮神经;正中神经和尺神经的掌支在屈肌支持带近侧穿出深筋膜至手掌。

(二)深层结构

前臂前区的深筋膜薄而韧,近肘部有肱二头肌腱膜加强;远侧部在腕前部加厚,形成厚而坚韧的扁带,称为屈肌支持带。前臂前区的深筋膜向深部发出肌间隔,介于屈、伸肌之间,分别连于尺、桡骨;它与两骨和前臂骨间膜共同围成前臂前骨筋膜鞘。

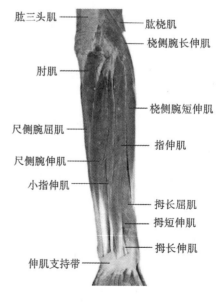

图3-1-1

前臂肌前群共有9块,分为3层。①浅层:从桡侧到尺侧依次为肱桡肌、旋前圆肌、桡侧腕屈肌、掌长肌及尺侧腕屈肌;②中层:只有指浅屈肌;③深层:桡侧为拇长屈肌,尺侧为指深屈肌,两肌远侧深面为旋前方肌。旋前圆肌:两头分别起自肱骨内上髁与尺骨冠突,二者之间有正中神经穿过,尺头的深面有尺动脉穿过。肌纤维斜向下外,止于桡骨中1/3的外面及后面,此处近端有旋后肌附着,远端有旋前肌附着。

任务实施

利用哑铃和杠铃锻炼前臂肌肉群。

1. 坐姿哑铃手腕翻转(图3-1-2、图3-1-3)

图3-1-2　　　　　　　　　　　　　　图3-1-3

(1)练前准备。

自身准备:穿好运动服、运动鞋。做好3~5分钟的手腕及前臂热身运动和拉伸运动。

器械准备:检查器械是否完好。找到两个重量一样的哑铃,检查卡扣是否牢固。

(2)训练实施。

准备姿势:坐姿保持核心收紧,双手各拿一个哑铃,保持两个哑铃在腰部水平,掌心向下。

执行练习:慢慢地翻转手腕,将掌心向上,同时在整个运动范围弯曲前臂。

运动肌肉:肱肌、腕伸肌、腕屈肌。

常见错误:翻转手腕速度过快,选择重量过大。

纠正方法:控制手腕的翻转速度,选择合适自己的重量进行练习。

2. 坐姿哑铃手腕下压(图3-1-4、图3-1-5)

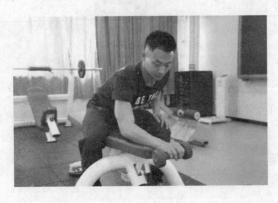 

图3-1-4　　　　　　　　　　　　　　图3-1-5

(1)练前准备。

自身准备:穿好运动服、运动鞋。做好3~5分钟的手腕及前臂热身运动和拉伸运动。

器械准备:检查器械是否完好,找到一个重量合适自己的哑铃,检查卡扣是否牢固。

(2)训练实施。

准备姿势:坐在平凳上,一只手抓住一个哑铃。哑铃伸出凳子边,掌心向下,前臂平放在平凳上。

执行练习:将手腕垂下,过程中只用手和手腕,把哑铃向上朝天花板尽可能抬高,并保持1~2秒。之后返回到起始位置,并重复直到完成。

运动肌肉:腕伸肌、腕屈肌。

常见错误:没有在最高点停留1~2秒,选择重量过大。

纠正方法:在手腕抬到最高点后停顿,选择合适自己的重量进行练习。

3. 反手握哑铃或杠铃托臂弯举(图3-1-6、图3-1-7)

图 3-1-6

图 3-1-7

(1)练前准备。

自身准备:穿好运动服、运动鞋。做好3~5分钟的手腕及前臂热身运动和拉伸运动。

器械准备:检查杠铃重量是否合适,卡扣是否牢固。

(2)训练实施。

准备姿势:抓住直杆杠铃或哑铃,手心向下。

执行练习:使用反手握住弯举杠铃或哑铃。

运动肌肉:肱肌、肱二头肌、腕伸肌。

常见错误:没有在最高点停留1~2秒,动作速度过快。

纠正方法:在手腕抬到最高点后停顿,动作尽量放慢,注意离心力。

4. 杠铃片(重物)手腕旋转(图3-1-8、图3-1-9)

(1)练前准备。

自身准备:穿好运动服、运动鞋。做好3~5分钟的手腕及前臂热身运动和拉伸运动。

器械准备:检查杠铃片重量是否合适,杠铃片是否牢固。

(2)训练实施。

准备姿势:用质量结实、长度在0.5~1 m的绳子拴住2.5 kg或者5 kg的杠铃片,将绳子的另一端牢固地拴在直杆中间。站立,双脚与肩同宽,双手抓住直杆。

执行练习:双臂伸直与地面平行。接下来,用双手和手腕迅速扭转直杆(棒)。当杠铃片达到

图 3-1-8　　　　　　　　　　　　　　　　　图 3-1-9

顶部,慢慢扭转手和手腕使杠铃片下降。

　　运动肌肉:肱肌、腕伸肌、腕屈肌。

　　常见错误:重量过大。

　　纠正方法:选择合适的重量完成练习。

评价与检测

一、评价

评价内容及标准	赋分/分	等级(请在相应位置画"√")			
		优秀	较优秀	合格	待合格
能正确说出前臂肌肉的名称和位置	30	30	25	20	15
能用正确的方法配合器械进行肌肉训练	50	50	40	30	20
严谨、细致,具有责任意识	20	20	15	10	5
总分	100	实际得分:			

二、检测练习

(1) 前臂上有_____组织、_____组织、_____组织。

(2) 锻炼前臂肌肉的动作有_____、_____、_____。

拓展练习

　　烹饪专业学生,在专业课中经常使用小臂和手腕进行操作。屈腕屈指肌群处于一个非常紧张的状态,这会影响抓握能力,同时增加腕部受伤的风险。

　　以下两个针对腕部"屈腕屈指肌群"的伸展动作,可以安排在正式训练的前后,也可以在正式训练组间休息的时候做一些牵拉。

　　动作一:前臂肌肉前后拉伸。

　　动作要领:

(1) 跪姿,手指指向膝关节的方向,保证整个手掌完全贴在地面上。

(2) 然后身体缓慢地向前向后移动,感受小臂后侧的牵拉感;也可以以两手掌为圆心,顺时针、逆时针地做椭圆运动。

(3) 每个方向动作保持15秒,做两组。

动作二:前臂肌肉左右拉伸。

动作要领:

(1) 跪姿,手指指向身体两侧,保证整个手掌完全贴在地面上。

(2) 然后身体缓慢地向左向后移动,感受小臂后侧的牵拉感。

(3) 每个方向动作保持15秒,做两组。

小贴士

前臂肌肉如果不发达,在硬拉的锻炼中手指就会发软,抓握不住,从而会影响其他肌肉的锻炼,然而许多健身爱好者往往忽视了前臂肌群的锻炼,因为他们觉得在练其他部位肌肉时前臂肌肉得到了连带的锻炼。前臂肌肉发达可以让形体更加美观,从医学角度来说,前臂是保健中不可忽略的一个部位,此处的关节多,肌肉、肌腱鞘长,在人体的劳动和活动中很容易导致肌肉劳损和腕管综合征等疾病。长期对前臂肌肉进行锻炼,使抓握有力,可调节脏腑机能,舒筋活血。强壮有力的前臂肌群不仅有利于健美体型的完善,而且有利于提高握力、支撑力和完成各种训练动作,对身体各部位肌肉的力量增长都大有益处。

知识链接

如何合理地安排前臂训练?

为了打造更结实的前臂,在做手腕弯举时,屈伸训练可以增加抓握动作。可以用哑铃练习,让它从掌心滑落到指尖(伸展阶段)这不仅有利于增强握力,还能调动手掌肌肉。

另一种可增加前臂肌肉压力和握力的方法是使用厚横杠,无论是用哑铃还是杠铃。传统哑铃和杠铃的横杠约厚1英寸(1英寸≈2.54 cm),但是很多健身爱好者发现横杠越厚,就越能锻炼前臂肌肉。

厚横杠能调动手掌和手臂上更多的肌肉。开始使用厚横杠时,握力较弱限制了训练的重量。但是一段时间过后,用厚横杠训练能极大地提升握力。

直接训练前臂肌肉的三个建议如下。

(1) 做更多次数:10~20次,平均每组15次。

(2) 缩短组间休息时间:燃烧感有所缓解就可以开始下一组训练。

(3) 延长和增强训练:一次训练做60次以上。

如果没有用腕带的话,做下拉练习中采用等距抓握能在高强度范围里给予更多力量。如果把前臂当作一个肌肉群训练的话,强烈建议加大训练量,另外把两组相反的动作结合做成超级组动作,比如手腕弯举和反握手腕弯举。

任务二

腕部肌肉的锻炼方法

≡▶ 任务描述

运用器械锻炼、徒手锻炼等方法增强腕部肌肉的力量,以适应强度较大的工作需求,避免腕部疼痛的发生。

≡▶ 学习目标

1. 知道腕部肌肉练习的原则和方法,掌握腕部肌肉练习的动作要领和注意事项。

2. 学会科学运用2～3种器械进行负重锻炼或徒手锻炼,提高腕部肌肉的力量及耐力,达到强化肌肉的目的。

3. 具备挑战自我,坚韧不拔,勇于担当、团队协作的精神。

≡▶ 相关知识

手腕是人最脆弱的关节,偏偏又是最常用的关节(图3-2-1)。无论是在打字、写作业还是锻炼,均会用到手腕这个部位,特别是烹饪专业学生,每次专业课都要频繁使用手腕,导致手腕很脆弱,属于受伤高发区域。

手腕由8个小骨头(腕骨)和两个连在前臂的长骨(尺骨和桡骨)组成。这样的结构允许手腕灵活地屈伸、外展和内收。保持适当的灵活性加上适当的锻炼才能避免手腕在高强度的锻炼和工作中受伤。

腕部常见的一个问题是长久的训练或工作造成的腕管综合征。这种伤痛源于正中神经受压。这根神经起源于手臂上部,一直延伸至手掌。腕管在手腕处似一个非常狭窄的通道,里面有多根肌腱和神经。正中神经从这个通道伸入手掌。

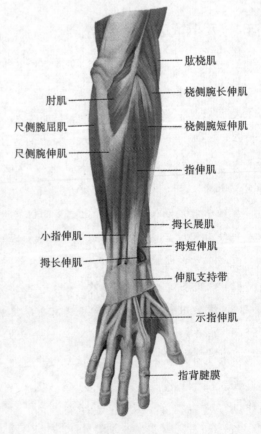

图 3-2-1

如果正中神经受到了肌腱炎症、骨质变化的影响或者受压,患者就会感到疼痛、刺痛或者麻木。疼痛通常出现在手掌的拇指、第二个手指和第三个手指,第四个手指也会有轻微的影响。这种疼痛通常在厨师中比较常见,因为他们通常会有反复的手腕动作。

任务实施

利用哑铃和杠铃锻炼腕部肌肉群的方法如下。

1. 反握哑铃平板手腕弯举(图 3-2-2、图 3-2-3)

图 3-2-2

图 3-2-3

反握哑铃平板手腕弯举操作示范

(1) 练前准备。

自身准备:穿好运动服、运动鞋。做好 3~5 分钟的手腕及前臂热身运动和拉伸运动。

器械准备:检查器械是否完好。找到两个重量一样的哑铃,检查卡扣是否牢固。

(2) 训练实施。

准备姿势:双手各持一个哑铃,将前臂放在平板凳上,掌心向上,手腕背部靠在凳子边缘并且向下弯。

执行练习:保持手臂不动,向上弯曲手腕,同时呼气。在顶端稍停留,然后慢慢将哑铃放回到起始位置,同时吸气。以上是一次完整动作。

运动肌肉:腕伸肌、腕屈肌。

常见错误:选择哑铃重量过大,动作速度过快。

纠正方法:选择合适重量的哑铃完成练习,放慢动作速度,注意顶峰收缩。

2. 站姿杠铃片单手提拉(图 3-2-4、图 3-2-5)

(1) 练前准备。

自身准备:穿好运动服、运动鞋。做好 3~5 分钟的手腕及前臂热身运动和拉伸运动。

器械准备:检查器械是否完好,找到重量合适的哑铃或杠铃片。

(2) 训练实施。

准备姿势:一只手握住杠铃片,手指穿过杠铃片空心的位置,直立握姿(掌心朝内)。

执行练习:伸展手指,放低杠铃片,不要完全伸直手指,同时吸气。屈手指抬高哑铃片到起始位置,并呼气。每组 8~12 次,完成 4 组。

站姿杠铃片单手提拉操作示范

图 3-2-4　　　　　　　　　　　　　　图 3-2-5

运动肌肉：腕伸肌、腕屈肌。

常见错误：选择杠铃片重量过大，动作速度过快。

纠正方法：选择合适重量的杠铃片完成练习，放慢动作速度，注意顶峰收缩。

3. 背面站姿反握杠铃手腕弯举（图 3-2-6、图 3-2-7）

背面站姿反握杠铃手腕弯举操作示范

图 3-2-6　　　　　　　　　　　　　　图 3-2-7

（1）练前准备。

自身准备：穿好运动服、运动鞋。做好 3～5 分钟的手腕及前臂热身运动和拉伸运动。

器械准备：检查杠铃重量是否合适，卡扣是否牢固。

（2）训练实施。

准备姿势：身体直立，手握杠铃放在臀部后侧（掌心背向臀部），双手与肩同宽。向前看，双脚分离，与肩同宽。

执行练习：呼气，卷曲手腕慢慢将杠铃以一个半圆形的轨迹朝向天花板移动。注意：全程只有手腕移动。顶峰收缩 1 秒，然后将杠铃放回到起始位置，同时吸气。

运动肌肉：腕伸肌、腕屈肌。

常见错误：选择杠铃重量过大，动作速度过快。

纠正方法：选择合适重量的杠铃完成练习，放慢动作速度，注意顶峰收缩。

评价与检测

一、评价

评价内容及标准	赋分/分	等级（请在相应位置画"√"）			
		优秀	较优秀	合格	待合格
正确说出腕部肌肉的名称和位置	30	30	25	20	15
能用正确的方法配合器械进行肌肉训练	50	50	40	30	20
严谨、细致，具有责任意识	20	20	15	10	5
总分	100	实际得分：			

二、检测练习

（1）手腕由8个小骨头_____和两个连在前臂的长骨_____组成。

（2）锻炼腕部肌肉的动作有_____、_____、_____。

拓展练习

任务一：练习腕关节活动度。

动作要领：

（1）轻柔地向手心弯曲腕关节（屈曲），在最屈曲的位置上坚持5秒。

（2）轻柔地向手背侧弯曲腕关节（背伸），在最背伸的位置上坚持5秒。

（3）轻柔地向手的拇指侧和小指侧活动腕关节（桡偏和尺偏），在最桡偏和最尺偏的位置上各坚持5秒。

（4）练习时，每天3组，每组10次，每次每个位置各坚持5秒。

任务二：腕关节拉伸练习。

动作要领：

（1）借助健侧手帮助患侧腕关节进行拉伸练习。

（2）先压住患侧手背使腕关节尽量屈曲，维持姿势不动。

（3）再伸展患侧手掌或手指使腕关节尽量背伸，维持姿势不动。

（4）注意保持患侧肘关节处在伸直位。

（5）练习时，每天3组，每组3次，每次每个位置坚持15～30秒。

小贴士

手腕腱鞘炎是导致手腕疼痛的原因之一。双手在拿东西的时候，手指就会弯曲，如果恰巧患有腱鞘炎就会有痛感。在平常的生活中要尽量避免提取重物，及时进行腱鞘炎的治疗。手腕疼痛究竟是不是因为腱鞘炎的原因导致的呢？其实很好判断，只要手指稍微活动一下腕部就能明显感觉到不舒服，这是腱鞘炎的典型症状。

知识链接

如何在锻炼和工作前进行手腕热身？

强壮的手腕对于各种力量练习都很重要，无论是自重练习还是自由重量器械练习。如果手腕不能适应压力，就不可能发掘出运动潜能。下面将展示一次完整的准备训练，包括弯曲腕部和伸展腕部，也有两者结合的动作（图 3-2-8 至图 3-2-11）。

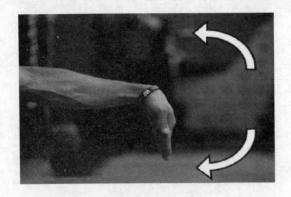

图 3-2-8

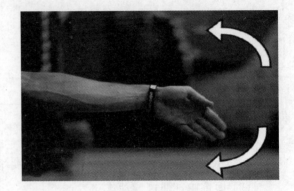

图 3-2-9

注意：在向腕部施加压力之前，转动手腕热身。

图 3-2-10

图 3-2-11

注意：压紧手掌，每个动作持续 30 秒。

任务三

肩部肌肉的锻炼方法

≡▶ 任务描述

通过器械锻炼、徒手锻炼等方法增强肩部肌肉群的耐力,以适应工作需求,减少肩部疼痛的发生。

≡▶ 学习目标

1. 知道肩部肌肉练习的方法,掌握肩部肌肉练习的动作和注意事项。
2. 学会科学地运用2～3种器械负重锻炼和徒手锻炼,提高肩部肌肉的力量及耐力。
3. 具备挑战自我、坚韧不拔、勇于担当、团队协作的精神。

≡▶ 相关知识

一、肩部肌肉的基本构造

三角肌俗称"虎头肌",是一个底向上尖向下的三角形肌,位于肩部皮下,从前、后、外侧包裹着肩关节,是一块多羽状肌。肩部的外形即由此肌形成。肌束分前、中、后3个部分(图3-3-1)。

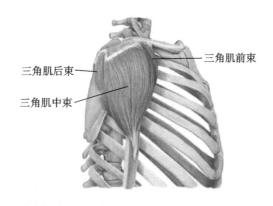

图 3-3-1

二、肩部疼痛的临床表现

(一)肌肉疼痛和活动明显受限

1. 肌肉疼痛 肩部肌肉劳损其实有很多的表现,除肩胛骨出现肌肉疼痛,运动时肩关节周围的肌肉也会出现疼痛,即肩关节劳损。

2. 活动明显受限 一般情况下,肩部肌肉劳损患者会有剧烈的局部肌肉疼痛、僵直、活动明显受限的症状。患者坐卧不宁,局部不能活动或者活动明显受限,或者歪着腰,或者走路时用手扶着腰。如果未选择肌肉劳损的治疗方法,那么在发病的前几天会出现症状且有越来越重的趋势。

(二)肩部软组织受到损伤

肩部肌肉劳损是颈椎病最常见的表现形式,肩部肌肉劳损的实质是肩部软组织受到损伤。软组织是指人体的皮肤、皮下组织、肌肉、肌腱、韧带、关节囊、滑膜囊、神经、血管等,这些组织在受到外力作用下,发生机能或结构的异常,分急性损伤和慢性损伤,其中急性损伤分扭伤、挫伤、拉伤。

(三)肘关节僵硬

一般来说,肩部肌肉劳损会引起肘关节僵硬、疼痛,皮肤发热、红肿,甚至不能弯曲,在肌肉运动的时候会有难以忍受的拉扯性疼痛或酸痛。

三、肩部疼痛产生的原因

(1)长期使用鼠标及保持固定姿势敲打键盘,长久工作生活在空调冷气环境里。

(2)长期固定一个动作的体力劳动也容易引起肩部疼痛,例如在厨师岗位工作中,员工经常重复提拉重物等动作,肩部后方及上肢的肌肉长期处于紧张状态,肩部局部血管痉挛,血液供应不畅,人体代谢产物容易堆积在肩部,产生局部的无菌性炎症及疼痛。加上工作生活环境中空调冷气长期供应,环境温度低,可加重肩部局部的肌肉痉挛与疼痛,如果长期不给予缓解或理疗,容易造成肩周炎。

(3)肩部的过多劳损也会导致肩部酸痛,如果在生活中提重物,由于物体太重就会导致肩部关节用力过猛,导致肩部肌肉拉伤,从而会出现疼痛的感觉,时间久了就会患有肩周炎。

任务实施

利用哑铃和杠铃锻炼肩部肌肉群

1. 坐姿哑铃推举(图3-3-2、图3-3-3)

坐姿哑铃推举操作示范

图3-3-2

图3-3-3

(1)练前准备。

自身准备:穿好运动服、运动鞋。做好3~5分钟的肩部及手臂热身运动和拉伸运动。

器械准备:检查器械是否完好。找到两个重量一样的哑铃,检查卡扣是否牢固。

(2)训练实施。

准备姿势:坐在练习凳上,双手各持一个哑铃,肘部与肩平齐。旋转手腕,使掌心向前,肘部向外。

执行练习:用爆发力将哑铃推起,头部随着哑铃的上升向前微伸,这样能够避免胸部参与发力,然后匀速将哑铃收回到起始位置。

运动肌肉:棘上肌、三角肌中束、斜方肌下部、斜方肌中部、前锯肌、胸大肌。

常见错误:肘关节在顶端锁死;身体过于倾斜。

纠正方法:保持肘关节在顶端时有一定的弯曲度;身体要坐直、核心收紧,如条件允许,可坐在有靠背的练习凳上。

2. 阿诺推举(图 3-3-4、图 3-3-5)

图 3-3-4　　　　　　　　　　图 3-3-5

阿诺推举操作示范

(1)练前准备。

自身准备:穿好运动服、运动鞋。做好 3~5 分钟的肩部及手臂热身运动和拉伸运动。

器械准备:检查器械是否完好。找到两个重量一样的哑铃,检查卡扣是否牢固。

(2)训练实施。

准备姿势:坐在练习凳上,双手各持一个哑铃,放到肩部前方。手臂弯曲,掌心朝向自己。

执行练习:手心向内握住哑铃置于胸前,手臂贴近身躯,随着哑铃慢慢向上,旋转手臂直至手心向外,在顶端停留收缩 1 秒,然后匀速将哑铃收回起始位置,收回的过程中旋转手臂,在底端手心回到初始的向内状态。

运动肌肉:三角肌前束、肱三头肌、三角肌中束、斜方肌下部、前锯肌。

常见错误:肘关节在顶端锁死;过度旋转哑铃。

纠正方法:保持肘关节在顶端时有一定的弯曲度;只旋转到手掌与躯干成 45°。

3. 杠铃直立划船(图 3-3-6、图 3-3-7)

(1)练前准备。

自身准备:穿好运动服、运动鞋。做好 3~5 分钟的肩部及手臂热身运动和拉伸运动。

器械准备:检查杠铃重量是否合适,卡扣是否牢固。

杠铃直立划船操作示范

图 3-3-6　　　　　　　　　　　　　　图 3-3-7

（2）训练实施。

准备姿势：双手握距比肩略窄，掌心向后握住杠铃。身体直立，双臂伸直，在身体前方自然下垂，背部保持挺直。

执行练习：双手握距略窄于肩宽，背部挺直，肘部微曲，用肩膀的两侧发力将杠铃向上提起，手肘向上向外提；全程杠铃贴近身体，同时手肘始终高于小臂，上升到杠铃可以碰到下巴或者略低于下巴，然后匀速放回原位。

运动肌肉：三角肌中束、三角肌前束、肱肌、肱二头肌、斜方肌、冈下肌。

常见错误：杠铃离开身体；拉起杠铃后小臂位置高于肘关节。

纠正方法：保持杠铃始终贴近身体；保持肘关节始终高于小臂。

4. 哑铃侧平举（图 3-3-8、图 3-3-9）

哑铃侧平举
操作示范

图 3-3-8　　　　　　　　　　　　　　图 3-3-9

（1）练前准备。

自身准备：穿好运动服、运动鞋。做好 3~5 分钟的肩部及手臂热身运动和拉伸运动。

器械准备：检查器械是否完好。找到两个重量一样的哑铃，检查卡扣是否牢固。

（2）训练实施。

准备动作：双手持哑铃，置于体侧，膝盖微屈，身体微微前倾。

执行练习：将两个哑铃从侧面抬起，在顶端收缩停留 1 秒，然后慢慢放下；动作要点为全程需要保证手肘与地面平行或者高于手腕，在顶端的时候手肘应该与肩部持平。

运动肌肉：三角肌中束、三角肌前束、斜方肌、冈上肌。

常见错误:肘关节伸直;身体前后摆动借力。

纠正方法:保持肘关节全程微屈;收住核心,保持身体不晃动。

5. 杠铃/哑铃耸肩(图 3-3-10、图 3-3-11)

图 3-3-10

图 3-3-11

杠铃/哑铃耸肩操作示范

(1)练前准备。

自身准备:穿好运动服、运动鞋。做好 3～5 分钟的肩部及手臂热身运动和拉伸运动。

器械准备:检查器械是否完好。找到两个重量一样的哑铃,检查卡扣是否牢固。

(2)训练实施。

准备动作:双手各持一个哑铃,身体直立,挺胸收腹。双臂在身体两侧自然下垂,掌心相对。

执行练习:手臂保持伸直状态,肩膀尽量上提,将哑铃向上拉,同时呼气。直至肩膀上提至极限,在顶端稍停留。然后将哑铃降回起始位置,同时吸气。

运动肌肉:斜方肌上部、斜方肌中部、竖脊肌。

常见错误:使用肱二头肌或小臂借力向上方提拉。

纠正方法:保持肱二头肌和小臂放松状态,完全依靠肩膀上下运动来移动哑铃。

▶ 评价与检测

一、评价

评价内容及标准	赋分/分	等级(请在相应位置画"√")			
		优秀	较优秀	合格	待合格
能正确说出肩部肌肉的名称和位置	30	30	25	20	15
能用正确的方法配合器械进行肌肉训练	50	50	40	30	20
严谨、细致,具有责任意识	20	20	15	10	5
总分	100	实际得分:			

二、检测练习

(1)三角肌俗称_____,是一个底向上尖向下的_____肌,位于肩部皮下,从前、后、外侧包裹着肩关节,是一块_____肌。

(2) 锻炼肩部肌肉的动作有_____、_____、_____。

拓展练习

任务一:辅助肩关节前屈练习。

动作要领:

(1) 双手交叉,将上肢高举过顶,可以卧位或坐位进行练习。

(2) 注意尽量保持肘关节伸直。每组10~20次,每天3次。

任务二:肘支撑肩关节外旋练习。

动作要领:

(1) 前臂平放在桌子等平面,上臂与身体夹紧。

(2) 前臂在平面前后旋转移动,每组10次,每天3次。

小贴士

最常见的易与肩周炎相混淆的疾病就是肩袖损伤,其发病率远远高于肩周炎。除了老年人外,长期举臂写板书的教师、搬运重物的建筑工人、经常掌勺的厨师等都是肩袖损伤的高发群体。另外,打羽毛球、游泳、摔跤等运动也可能引起肩袖损伤。

肩袖损伤主要表现为肩外展上举时疼痛,损伤严重时肩无力,需要对侧手帮助才能完成上抬动作。如果让肩袖损伤患者进行"爬墙"等功能锻炼或人为地强行牵拉,可造成已损伤的肩袖撕裂口增大,加重伤情,甚至伴有夜间痛,患者经常于睡眠中痛醒。患者肩关节活动受限,表现为手臂上举困难,梳头、穿脱上衣、沐浴等简单的日常生活都变成了问题。

知识链接

加强肩部力量有什么好处?

1. 减少脂肪含量助减重 适度增加肌肉的比例,将有助于提高新陈代谢、减少脂肪产生、避免肥胖的发生。为什么增加肌肉能有这样的效果呢?因为人体在不运动的情况下,1 kg肌肉可消耗75~110 kcal的热量,而1 kg脂肪只能消耗4~10 cal的热量。因此,增加体内的肌肉含量,配合适度的饮食控制,适用于有减重瘦身需求的人。

2. 避免退化 现代人越来越趋向坐式生活方式,不论工作、学习都需要长时间、大量使用颈部和腰部肌肉,如果没有进行颈部、腰部肌肉的训练,在肌肉力量不足、过度使用的情况下,将造成肌肉劳损,容易患上颈椎、腰椎疾病,出现酸痛、退化等症状,严重时甚至可能影响体态,使外观出现大幅度变化。

3. 更加精力充沛 对于肌力训练,美国著名医生和畅销书作者Miriam E. Nelson 在研究调查中发现,参加肌力训练一年以后,被调查者比以前精力充沛,感觉身体也年轻了许多,而且更加积极地参加锻炼,锻炼量也比以往增加了27%,而这些是仅仅进行一年肌力训练就达到的效果。

4. 消耗更多热量　肌力训练能促进身体肌肉和骨骼的增加,即使已停止锻炼肌肉,能量消耗还会继续,以便身体生成新的肌肉组织。通过肌力训练,能让身体变成一个消耗热量和脂肪的高效能机器,使减重瘦身、塑形的效果更加显著。

任务四

肱二头肌的锻炼方法

≡▶ 任务描述

通过器械锻炼、徒手锻炼等方法增强肱二头肌肌肉的力量,以便适应工作需求,减少手臂疼痛的发生。

≡▶ 学习目标

1. 知道肱二头肌锻炼的原则和方法,掌握肱二头肌锻炼的动作和注意事项。

2. 学会科学地运用2～3种器械锻炼和徒手锻炼,提高肱二头肌的力量及耐力,达到强化肌肉的目的。

3. 具备挑战自我、坚韧不拔、勇于担当、团队协作的精神。

≡▶ 相关知识

一、肱二头肌的基本构造

肱二头肌位于上臂前侧,整肌呈梭形,有长、短二头,故名肱二头肌。肱二头肌属于骨骼肌三大肌群中的四肢肌。长头起于肩胛骨盂上粗隆,短头起于肩胛骨喙突,长、短二头于肱骨中部汇合为肌腹,下行至肱骨下端,集成肌腱止于桡骨粗隆和前臂筋腱膜(图3-4-1)。

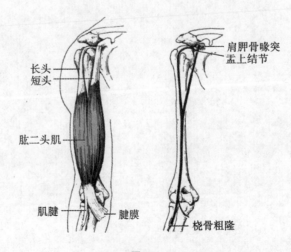

图 3-4-1

二、肱二头肌锻炼的三原则

1. 身体的稳定性 稳定性原则在健身训练中是很多动作都必须要遵守的,因为不稳定的身体无法达到训练效果,而且在健身训练中,只有稳定的身体才能够使肌肉训练集中目标,这样对肌肉的刺激更加全面,同时能最大限度地保护关节。因此,在肱二头肌训练中,不管采用什么姿势,都必须要保持身体的稳定。

2. 完整的训练动作 训练动作一定要做完整,很多人在训练中,训练动作往往只做到半程就不做了,这样关节及肌肉的活动都是不完善的,因此全程训练是很重要的。当然如果是由于某些特殊情况导致活动受限,不能全程训练,可以根据自己的身体情况来适当调节。全程训练的动作可以使更多的肌肉得到发展,同时增加肌肉在张力下的维持时间。

3. 控制离心阶段 在肱二头肌训练中,经常会在下放中没有办法去控制,这样的训练效果就会大打折扣,因此在训练中需要控制离心阶段,有很多的健身者在健身很长时间都看不到效果,就是因为离心阶段没有做好,因此在训练中需要做到不要过于借力,是肌肉在控制重量而不是重量在控制肌肉。

≡▶ 任务实施

利用哑铃和杠铃锻炼肱二头肌肌肉群

1. 杠铃站立弯举(图 3-4-2、图 3-4-3)

图 3-4-2　　　　　　　　　图 3-4-3

杠铃站立弯举操作示范

(1)练前准备。

自身准备:穿好运动服、运动鞋。做好 3~5 分钟手肘及手臂的热身运动和拉伸运动。

器械准备:检查杠铃重量是否合适,卡扣是否牢固。

(2)训练实施。

准备姿势:站立,躯干挺直,手握杠铃与肩同宽。掌心向前,肘关节紧靠躯干。

执行练习:手肘夹紧身体两侧,双手握住杠铃放于体前,握距可以采用宽握距或者窄握距。使用肱二头肌的力量提升杠铃,停留 1~2 秒。放松肌肉,把杠铃缓慢还原到原来位置。注意保持身体稳定,不要前后摇晃借力。手肘夹紧身体两侧,手肘位置不要晃动。

运动肌肉：肱二头肌、肱肌、肱桡肌。

常见错误：身体前后晃动借力；肘关节离开身体，动作速度过快。

纠正方法：保持身体稳定，夹紧肘关节，注意控制离心力。

2. 锤式哑铃弯举（图 3-4-4、图 3-4-5）

图 3-4-4　　　　　　　　　　　　　　　图 3-4-5

（1）练前准备。

自身准备：穿好运动服、运动鞋。做好 3~5 分钟手肘及手臂的热身运动和拉伸运动。

器械准备：检查器械是否完好。找到两个重量一样的哑铃，检查卡扣是否牢固。

（2）训练实施。

准备姿势：身体直立，双手各持一个哑铃，手臂在身体两侧自然下垂，肘部贴着身体，掌心相对。

执行练习：上臂贴紧身体两侧，避免摆动。使用肱二头肌的力量向上弯举，前臂与上臂成 90°或夹角略小于 90°，停留 1~2 秒。放松肌肉，还原至原来位置直至手臂完全伸直。避免手肘晃动，影响训练效果。可采用左右手交替的方式进行。

运动肌肉：肱二头肌、肱肌、肱桡肌。

常见错误：身体前后晃动借力；肘关节离开身体，动作速度过快。

纠正方法：保持身体稳定，夹紧肘关节，注意控制离心力。

3. 托板弯举（图 3-4-6、图 3-4-7）

（1）练前准备。

自身准备：穿好运动服、运动鞋。做好 3~5 分钟手肘及手臂的热身运动和拉伸运动。

器械准备：检查杠铃重量是否合适，卡扣是否牢固。

（2）训练实施。

准备姿势：手臂置于托板上，双手持杠铃。

执行练习：以肘关节为轴，使用肱二头肌的力量弯起前臂，直至肱二头肌肌肉收缩至顶峰。停留 1~2 秒，放松肌肉，缓慢还原至原来位置。注意缓慢下落还原，避免受伤。动作还原时避免偷懒，尽可能把手臂角度增大，最大限度刺激肱二头肌。

图 3-4-6　　　　　　　　　　　　　　图 3-4-7

运动肌肉：肱肌、肱二头肌。

常见错误：肘关节打开过大，动作速度过快。

纠正方法：保持身体稳定，肘关节与肩同宽，注意控制离心力。

4. 俯坐弯举（图 3-4-8、图 3-4-9）

图 3-4-8　　　　　　　　　　　　　　图 3-4-9

俯坐弯举操
作示范

（1）练前准备。

自身准备：穿好运动服、运动鞋。做好 3~5 分钟手肘及手臂的热身运动和拉伸运动。

器械准备：检查器械是否完好。找到一个重量合适自己的哑铃，检查卡扣是否牢固。

（2）训练实施。

准备姿势：坐在健身凳上，身体向前俯。单手持哑铃，手肘顶住大腿靠近膝盖处。

执行练习：使用肱二头肌力量提升哑铃，直至肌肉顶峰收缩。缓慢释放肌肉力量，还原至起始位置。避免哑铃下落过快受伤。手肘顶住大腿，同时避免大腿晃动。

运动肌肉：肱肌、肱二头肌、肱桡肌。

常见错误：身体左右乱晃，动作速度过快。

纠正方法：保持核心收紧，注意控制离心力。

5. 哑铃弯举（图 3-4-10、图 3-4-11）

图 3-4-10

图 3-4-11

（1）练前准备。

自身准备：穿好运动服、运动鞋。做好 3~5 分钟手肘及手臂的热身运动和拉伸运动。

器械准备：检查器械是否完好。找到两个重量一样的哑铃，检查卡扣是否牢固。

（2）训练实施。

准备姿势：双手手持哑铃，两手臂伸直自然下垂。

执行练习：双手以手肘为转轴，使用肱二头肌力量提升哑铃至最佳收缩状态。停留 1~2 秒，放松肌肉，哑铃下降还原至预备状态的位置。哑铃弯举可以采用坐姿或者站姿，弯举的时候，手肘可以轻微摆动，身体避免大幅度晃动借力。

运动肌肉：肱二头肌、肱肌。

常见错误：身体前后晃动借力；肘关节离开身体，动作速度过快。

纠正方法：保持身体稳定，夹紧肘关节，注意控制离心力。

评价与检测

一、评价

评价内容及标准	赋分/分	等级（请在相应位置画"√"）			
		优秀	较优秀	合格	待合格
能正确说出肱二头肌肌肉的名称和位置	30	30	25	20	15
能用正确的方法配合器械进行肌肉训练	50	50	40	30	20
严谨、细致，具有责任意识	20	20	15	10	5
总分	100	实际得分：			

二、检测练习

（1）肱二头肌位于_____前侧，整肌呈梭形，又分为_____、_____，故名为肱二头肌。

(2) 锻炼肱二头肌肌肉群的动作有＿＿＿＿＿、＿＿＿＿＿、＿＿＿＿＿。

拓展练习

任务一：站姿肱二头肌拉伸。

动作要领：

(1) 双手在身后合拢，伸直手臂，然后旋转，让手掌朝下。

(2) 抬起双臂，直到你感觉到了肱二头肌的伸展。

(3) 保持静止状态 30 秒，做 3 组。

任务二：坐姿肱二头肌拉伸。

动作要领：

(1) 坐在地板上，膝盖弯曲，你的伙伴站在你身后。伸出你的双手放在背后，掌心相对。你的伙伴会握住你的手腕。

(2) 试图弯曲你的肘部，而你的伙伴阻止任何实际运动。

(3) 10～20 秒后，放松你的手臂，做 3 组。

小贴士

肱二头肌长头肌腱炎

肱二头肌长头肌腱起于肩胛骨盂上结节，在肱骨结节间沟与横韧带形成的骨纤维管道中通过。当肩关节后伸、内收、内旋时，该肌腱滑向上方；而当肩关节前屈、外展、外旋时则滑向下方。当上肢在外展位屈肘时，肱二头肌长头肌腱容易磨损，长期的摩擦或过度活动可引起腱鞘充血、水肿、增厚，造成腱鞘滑膜层急性水肿或慢性损伤性炎症，导致肱二头肌长头肌腱在腱鞘内的滑动功能发生障碍，从而出现临床症状，称为肱二头肌长头肌腱炎或腱鞘炎。本病多因外伤或劳损后急性发病，是肩痛的常见原因之一。其临床表现主要为肩部疼痛、压痛明显、肩关节活动受限等。若不及时治疗，可发展成为肩周炎。

知识链接

锻炼肱二头肌的误区

1. 动作幅度过大 如果想通过使用杠铃、哑铃等可被托举的健身器械进行力量训练锻炼好肱二头肌，一定要确保负重器具从一点到另一点过程中力量保持均衡，而不是利用惯性将器具从下往上举起来。简单而言，摆动的幅度越大，肱二头肌受到的刺激就越小，例如，利用惯性上下抬举 20 kg 的哑铃 10 下，不如 10 kg 哑铃规范抬举 5 下更有效果。

2. 手腕弯曲过多 对于健身达人而言，在锻炼完肱二头肌的时候，其小臂的充血不亚于肱二头肌本身，其实这也是新手的误区之一，在锻炼的时候，会过多地弯举，但这个时候过度弯举便会影响肱二头肌发挥，正确的做法应该是尽可能地保持手腕和小臂成一条直线进行托举。

3. 过快的速度 这个误区其实还是很多人明白的,做快了不一定能提高效率,往往因锻炼的速度过快,肌肉没能足够热身而受伤,不仅如此,本来肌肉就处于紧张状态,一下子加快速度,只会有害无益。

4. 没有单独训练肱二头肌 肱二头肌是一个肌肉群。如果想要肱二头肌发达,可以抛开先做针对大肌群的训练,再进行肱二头或者肱三头等小肌群训练的原则,单独进行肱二头肌的锻炼,让它优先发达起来。

任务五

肱三头肌的锻炼方法

≡▶ 任务描述

通过器械锻炼、徒手锻炼等方法增强肱三头肌肌肉的力量,以适应工作需求,减少手臂疼痛的发生。

≡▶ 学习目标

1. 知道肱三头肌锻炼的方法,掌握肱三头肌锻炼的动作和注意事项。
2. 学会科学地运用2~3种器械锻炼和徒手锻炼,提高肱三头肌的力量及耐力,达到强化肌肉的目的。
3. 具备挑战自我、坚韧不拔、勇于担当、团队协作的精神。

≡▶ 相关知识

一、肱三头肌的基本构造

肱三头肌为上臂后群之伸肌。起端有3个头:长头起自肩胛骨的盂下粗隆;外侧头和内侧头都起自肱骨的背面,向下,3个头共续于一个腱,止于尺骨鹰嘴。此肌功能为伸前臂,并助内收上臂。受桡神经(颈6~8神经)支配手臂背侧的肌肉。覆盖整个肱骨后面。由长头、外侧头和内侧头组成,作用是伸肘(图3-5-1)。

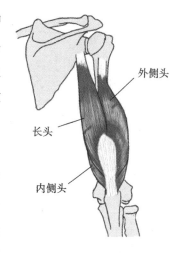

图3-5-1

二、上臂肌肉疼痛的症状

肌肉无力、劳累、酸痛、局部压痛、活动范围受限、劳动能力下降,进而出现持续性疼痛、酸胀、肌肉硬结、功能障碍等。实质是一种无菌性炎症,主要表现为患处疼痛、压痛和功能障碍。劳损好发于支配多动或负重关节的肌肉或维系这些关节的韧带,尤其是肌肉或韧带在骨质上的附着点。

三、上臂肌肉疼痛的基本原因

(1)长期、经常地重复某一特定的动作是造成超负荷使用上臂肌肉进而导致疼痛的常见原因。

(2)上肢肌肉力量差。

任务实施

一、利用哑铃和杠铃锻炼肱三头肌肌肉群

1. 杠铃颈后臂屈伸(图3-5-2、图3-5-3)

图 3-5-2

图 3-5-3

(1)练前准备。

自身准备：穿好运动服、运动鞋。做好3~5分钟手肘及手臂的热身运动和拉伸运动。

器械准备：检查杠铃重量是否合适，卡扣是否牢固。

(2)训练实施。

准备姿势：坐在健身凳前端，将杠铃举在头顶，双臂伸直，但两肘并不锁紧，上臂正好位于双耳外侧。

执行练习：屈肘缓缓向颈后下放杠铃，停止在前臂刚刚超过同地面平行的位置；稍稍停顿，然后上臂发力，将杠铃举回起始的位置。

运动肌肉：肱三头肌、三角肌前束、腕屈肌。

常见错误：肘关节打开角度过大；肘关节伸直时锁死。

纠正方法：肘关节尽量靠近耳朵，伸直时保持略微弯曲。

2. 单臂颈后臂屈伸(图3-5-4、图3-5-5)

图 3-5-4

图 3-5-5

(1)练前准备。

自身准备:穿好运动服、运动鞋。做好3~5分钟手腕及手臂的热身运动和拉伸运动。

器械准备:检查器械是否完好,找到一个重量合适自己的哑铃,检查卡扣是否牢固。

(2)训练实施。

准备姿势:正坐在健身凳上(或站立),两脚平踏在地上,左手持哑铃,掌心向前,伸直在头顶上方。左上臂紧贴左侧耳旁,不能移动。

执行练习:持哑铃以半圆弧下落至右肩上方,下落越低越好。然后,以左臂肱三头肌的收缩力,持哑铃向上举起还原;重复多次,左、右手交替。

运动肌肉:肱三头肌、三角肌前束、腕屈肌。

常见错误:肘关节打开角度过大;肘关节伸直时锁死。

纠正方法:肘关节尽量靠近耳朵,伸直时保持略微弯曲。

3.仰卧杠铃臂屈伸(图 3-5-6、图 3-5-7)

图 3-5-6

图 3-5-7

仰卧杠铃臂屈伸操作示范

(1)练前准备。

自身准备:穿好运动服、运动鞋。做好3~5分钟手肘及手臂的热身运动和拉伸运动。

器械准备:检查杠铃重量是否合适,卡扣是否牢固。

(2)训练实施。

准备姿势:身体平躺在健身凳上,双手窄握杠铃,两臂伸直,保持与肩同宽的位置并且垂直于身体。

执行练习:动作开始时吸气,此时上臂不动,弯曲肘关节,使前臂缓慢向头部上方下落,到离额头2 cm的位置时,运用肱三头肌的力量将前臂挺直,同时呼气,手臂再次垂直于身体时,停顿1秒后再次下落。

运动肌肉:肱三头肌、三角肌前束、腕屈肌。

常见错误:手臂不垂直于身体,杠铃重量过大。

纠正方法:手臂垂直于身体,以肘关节为轴进行练习,选择合适自己重量的杠铃。

4.哑铃俯身臂屈伸(图 3-5-8、图 3-5-9)

(1)练前准备。

自身准备:穿好运动服、运动鞋。做好3~5分钟手腕及手臂的热身运动和拉伸运动。

器械准备:检查器械是否完好,找到一个重量合适自己的哑铃,检查卡扣是否牢固。

哑铃俯身臂屈伸操作示范

 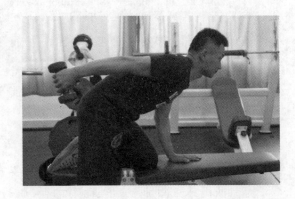

图 3-5-8　　　　　　　　　　　　　　　图 3-5-9

（2）训练实施。

准备姿势：向前屈体，单手握哑铃，另一只手扶在健身凳上，让握哑铃的上臂贴近身体，与上体平行。

执行练习：屈肘，让前臂自然下垂。上体和上臂保持不动，收缩肱三头肌，前臂向后上方挺伸，直到前臂完全伸直，同时彻底收缩肱三头肌。静止1秒，再屈肘，让前臂徐徐下垂到开始位置。

运动肌肉：肱三头肌、三角肌后束、斜方肌、背阔肌。

常见错误：上臂不平行于地面，选择的哑铃重量过大。

纠正方法：保持上臂与地面平行，选择合适自己重量的哑铃进行练习。

5. **凳上反屈伸**（图 3-5-10、图 3-5-11）

凳上反屈伸
操作示范

 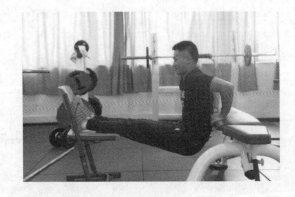

图 3-5-10　　　　　　　　　　　　　　　图 3-5-11

（1）练前准备。

自身准备：穿好运动服、运动鞋。做好3～5分钟手腕及手臂的热身运动和拉伸运动。

器械准备：准备好健身凳，检查健身凳是否稳定。

（2）训练实施。

准备姿势：两手背后撑在稍高的健身凳上，两脚放在较矮的健身凳上，身体其他部分悬空。

执行练习：呼气，两肩放松，两臂慢慢屈肘，身体尽量下沉（尤其要沉臀），稍停2～3秒。在身体下沉时，动作要平稳，始终控制住肱三头肌慢慢下降，直至感到肱三头肌充分伸展。然后吸气，用力伸两臂撑起身体还原。肱三头肌收缩力使手臂伸直和肱三头肌处于"顶峰收缩"

位时,稍停。

运动肌肉:肱三头肌、三角肌前束、菱形肌、胸大肌。

常见错误:肘关节伸直时关节锁死;背部离健身凳较远。

纠正方法:肘关节伸直时保持微屈状态;背部尽量贴近健身凳。

6. 窄距俯卧撑(图3-5-12、图3-5-13)

窄距俯卧撑
操作示范

图 3-5-12

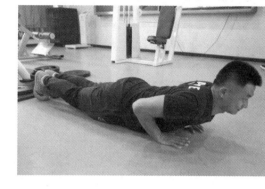

图 3-5-13

(1) 练前准备。

自身准备:穿好运动服、运动鞋。做好3~5分钟手腕及手臂的热身运动和拉伸运动。

(2) 训练实施。

准备姿势:俯撑姿态,挺胸收腹,腰背平直,两手窄握距。

执行练习:慢慢弯曲手臂使身体下降,同时吸气。直至胸部接近地面,然后快速伸直手臂,将身体撑回起始位置,同时呼气。

运动肌肉:肱三头肌、三角肌前束、胸大肌、背阔肌。

常见错误:肘关节伸直时关节锁死;肘关节打开角度太大。

纠正方法:肘关节伸直时保持微屈状态;肘关节尽量收紧。

评价与检测

一、评价

评价内容及标准	赋分/分	等级(请在相应位置画"√")			
		优秀	较优秀	合格	待合格
能正确说出肱三头肌肌肉的名称和位置	30	30	25	20	15
能用正确的方法配合器械进行肌肉训练	50	50	40	30	20
严谨、细致,具有责任意识	20	20	15	10	5
总分	100	实际得分:			

烹饪体育

二、检测练习

(1) 肱三头肌位于上臂_____,有_____、_____和_____三个头,因此名为肱三头肌。

(2) 锻炼肱三头肌肌肉群的动作有_____、_____、_____等。

拓展练习

使用哑铃和弹力带锻炼肱三头肌。

任务一:单臂屈伸。

动作要领:

(1) 左手持哑铃(弹力带),左上臂垂直地面,并且贴近耳朵,右臂绕过额头轻扶左臂,这是起始位置。

(2) 保持左上臂稳定并且贴近耳朵,躯干稳定,将哑铃举到最高点。

(3) 左右手臂交替完成,每组8~12次,做4组。

任务二:划船臂屈伸。

动作要领:

(1) 跪姿俯身,保持背部挺直,右脚在前左脚在后弓步蹲,左臂自然下垂握紧哑铃,这个是起始位置。

(2) 收缩肩胛骨将上臂拉起至大致与地面平行,然后保持,紧接着前臂将哑铃举到最高点。

(3) 左右手臂交替完成,每组8~12次,做4组。

小贴士

相比肱二头肌来说,肱三头肌是被大多数刚开始健身的人士忽略的肌肉,但是肱三头肌在手臂上所占的体积要比肱二头肌更大,所以想要更大的臂围,或者想要卧推起更大的重量,锻炼肱三头肌是绝对不可忽视的。

知识链接

锻炼肱三头肌的误区

1. 单关节锻炼时大臂未夹紧 在锻炼时如果大臂未夹紧,肱三头肌的锻炼效果会比较差,不仅仅是因为动作变形的原因,还有肱三头肌发力时候会借助其他肌肉的力的原因。

在锻炼肱三头肌的时候要注意固定肘关节,不固定很容易使得整个手臂摆动太大,从而会得不到好的效果。做肱三头肌的单关节训练时,每个动作都需要做到手肘从一个高度弯曲的状态变为笔直状态,所以要保持肘关节伸直,紧贴自己身体不向外伸展,从而夹紧大臂。

2. 组间休息时间太长 手臂训练的组间休息时间一定要控制在60~90秒,在身体条件允许的情况下,可以50秒后去进行下一个动作,这样能得到更好的锻炼效果。

3. 锻炼重量过大 注意增加重量的前提是要确保动作正确,这样不会让训练效果大打折扣,不要采用不标准的动作来欺骗自己完成训练。

在锻炼肱三头肌时使用小重量做规范动作，所达到的效果远远要比大重量做不规范的动作好，而且大重量很容易让肱三头肌受伤。

4. 锻炼的顺序不合理　手臂是小肌群，在锻炼的时候对顺序没有具体要求。但是肱三头肌不一样，锻炼时最好在体力充沛时进行大重量的复合动作，之后再进行孤立训练的动作，否则锻炼时无法发挥最好的状态，最终导致锻炼效果也达不到预期。

第四单元
职业健体——稳定性训练

单元导读

▶ 案例导入

烹饪专业学生在厨房岗位工作，工作特点是长时间站立不动，导致躯干和腿部稳定性减弱，腰部肌肉、腹部肌肉、下肢肌肉产生萎缩或功能退化。本单元通过学习躯干肌肉、下肢肌肉的锻炼方法等内容，帮助学生科学锻炼肌肉，增强身体骨骼稳定性，提高下肢肌肉、躯干肌肉耐力，提高在岗工作中的效率，降低职业病的发病率。

▶ 学习目标

1. 了解身体主要肌肉名称、肌肉部位和肌肉运动原理。

2. 能运用健身器械或徒手训练科学锻炼主要肌肉，并简单制订个人短期锻炼计划。

3. 具有积极主动学习的态度和不畏艰难、勇于挑战的精神，形成自我健康的意识，保持健康文明的生活方式，培养积极进取的人生态度。

≡▶ 学习方法与要求

1. 明确学习任务，制定学习目标，充分理解知识点内容和含义。整合利用资源，通过网络等途径查找相关资料，拓展扩充知识内容，提高运用知识解决问题的能力。

2. 要根据自己的情况选择实施任务，主动与同学配合完成，重视同学的信息反馈和帮助，及时总结反思，确定是否达到了自定的目标，进行锻炼计划的修订。

3. 做到学以致用，增强意志力，主动将学习成果用于实践中，调整自身的身体状况，同时提醒和帮助他人，共同形成自我健康的意识。

任务一

腹部肌肉的锻炼方法

▶ 任务描述

通过器械锻炼、徒手锻炼等方法增强腹部肌肉群的耐力,以便适应工作需求,避免腰部疼痛发生。

▶ 学习目标

1. 知道腹部肌肉练习的原则和方法,掌握腹部肌肉练习的动作和注意事项。

2. 学会科学地运用2~3种器械锻炼和徒手锻炼,提高腹部肌肉的力量及耐力,达到强化肌肉的目的。

3. 具有不畏艰难、坚韧不拔、追求卓越的品质,以及团队意识和责任意识。

▶ 相关知识

腹部肌肉,简称腹肌。当它们收缩时,可以使躯干弯曲及旋转,并可以防止骨盆前倾。腹部肌肉对于腰椎的活动和稳定性也有相当重要的作用,还可以控制骨盆与脊柱的活动。烹饪专业学生专业课学习时站立时间较长,要频繁地弯腰操作、提拿重物等。软弱无力的腹肌可能导致骨盆前倾和腰椎生理弯曲增加,并增加腰背痛发生的概率。

前外侧群形成腹腔的前外侧壁,包括腹直肌、腹外斜肌、腹内斜肌和腹横肌等(图4-1-1)。

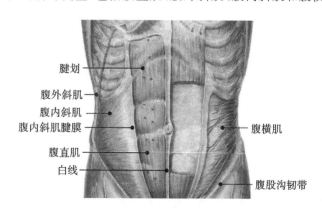

图 4-1-1

1. 腹直肌 位于腹前壁正中线的两旁,居腹直肌鞘中,为上宽下窄的带形肌,起自耻骨联合与耻骨结节之间,肌束向上止于胸骨剑突及其附近肋软骨的前面。肌的全长被3~4条横行的腱划分成多个肌腹,腱划由结缔组织构成,与腹直肌鞘的前层紧密结合(图 4-1-1)。

2. 腹外斜肌 位于腹前外侧部的浅层,为一宽阔扁肌,起于第八根肋骨,肌束由后外上斜向前内下方,一部分止于髂嵴,而大部分在腹直肌外侧缘处移行为腹外斜肌腱膜。腱膜向内侧参与腹直肌鞘前壁的构成,腱膜的下缘卷曲增厚连于髂前上棘与耻骨结节之间,形成腹股沟韧带。在耻骨结节外上方,腱膜形成一小三角形裂隙,称为腹股沟管浅环。

3. 腹内斜肌 位于腹外斜肌深面,大部分肌束向内上方,下部肌束向内下方,在腹直肌外侧缘移行为腹内斜肌腱膜。腱膜向内侧分为前、后两层并包裹腹直肌,参与腹直肌鞘前后壁的构成,腱膜下内侧部与腹横肌腱膜形成联合腱,止于耻骨,又称腹股沟镰。腹内斜肌最下部的肌束随精索出腹股沟管浅环进入阴囊,包绕精索和睾丸而成为提睾肌。

4. 腹横肌 位于腹内斜肌深面,肌束向前内横行,在腹直肌外侧缘移行为腹横肌腱膜,参与构成腹直肌鞘。腹横肌的最下部肌束及其腱膜下内侧部分,分别参与提睾肌和联合腱的构成。

腹前外侧肌群的作用如下:共同保护腹腔脏器,收缩时可以缩小腹腔,增加腹压以协助排便、分娩和呕吐,又可使脊柱前屈和旋转等。

任务实施

利用器械锻炼和徒手锻炼腹部肌肉群

1. 健身球上卷腹(图 4-1-2、图 4-1-3)

图 4-1-2　　　　　　　　　　　　　图 4-1-3

(1)练前准备。

自身准备:穿好运动服、运动鞋。做好 3~5 分钟的腰腹部热身运动和拉伸运动。

器械准备:准备一个健身球,注意检查充气量。

(2)训练实施。

准备姿势:以腰部为支点,自然地躺在健身球上,让背部和球的弧线吻合,双手轻轻放在头部两侧。

执行练习:卷腹起身,保持胸骨朝向肚脐,下巴指向胸部避免头部上挺,在顶端收缩腹肌,然后轻轻地放低躯干,背部呈一定弧度并将肩胛骨轻轻触碰到健身球上,重复练习。

运动肌肉:腹直肌、腹斜肌。

易犯错误:腰部位置没有在健身球的正上方,腹部肌肉松弛。

纠正方法：调整腰部在健身球上的位置；起身时不要太高，保持背部贴合健身球。

2. 下斜卷腹（图 4-1-4、图 4-1-5）

图 4-1-4

图 4-1-5

（1）练前准备。

自身准备：穿好运动服、运动鞋。做好 3~5 分钟的腰腹部热身运动和拉伸运动。

器械准备：准备一个健身凳，注意检查健身凳的稳定性。

（2）训练实施。

准备姿势：坐在仰卧板上，双腿固定，双手轻轻放在头部两侧，手肘靠外。

执行动作：缓缓卷腹使胸部靠近大腿，在顶峰收缩腹肌，然后缓缓回到起始位置。双目凝视膝盖位置。

运动肌肉：腹直肌、腹斜肌。

易犯错误：手臂放在肩部（减少难度），全程使用腹肌发力，颈部不要向上伸。

纠正方法：调整手臂的位置；颈部不要发力，应自然放松。

3. 平板卷腹（图 4-1-6、图 4-1-7）

图 4-1-6

图 4-1-7

（1）练前准备。

自身准备：穿好运动服、运动鞋。做好 3~5 分钟的腰腹部热身运动和拉伸运动。

器械准备：准备一个健身凳，注意检查健身凳的稳定性。

（2）训练实施。

准备姿势：平躺在地上，可以把脚搭在健身凳上，大腿与地面垂直，小腿与地面平行，或双脚与地面平行,屈膝。

执行练习:聚焦上部腹肌,下背部贴紧地板,呼气时双肩向膝盖靠近,双肘指向双膝。当双肩和上背部完全离开地板后,直至双肘距离双膝15~20 cm时,收缩腹肌并将下背部压向地板。然后,缓缓吸气并回到初始位置。

运动肌肉:腹直肌、腹斜肌。

易犯错误:颈部向上发力,下背部离开地面。

纠正方法:保持下巴与颈部的夹角,保持下背部贴住地面。

4. 绳索卷腹(图4-1-8、图4-1-9)

绳索卷腹操作示范

图 4-1-8

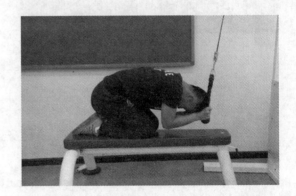
图 4-1-9

(1)练前准备。

自身准备:穿好运动服、运动鞋。做好3~5分钟的腰腹部热身运动和拉伸运动。

器械准备:准备一个健身凳,注意检查健身凳的稳定性。

(2)训练实施。

准备姿势:在一个带有绳索的高位滑轮前双膝跪在健身凳上并抓住绳索,向下拉直绳索至双手位于头顶部位。

执行练习:保持骨盆和下背部静止,开始下拉绳索,并向膝盖接近,直到手肘接触到健身凳或膝盖,在顶峰收缩1~2秒,然后缓缓地控制着重量回到起点,随着重量让身体超过水平线,同时背部微拱,拉伸腹肌,停止。

运动肌肉:腹直肌。

易犯错误:动作中腹部放松,负重太大。

纠正方法:全程保持腹部肌肉持续紧张,不要负重过大,避免动作变形。

5. 反向卷腹(图4-1-10、图4-1-11)

反向卷腹操作示范

(1)练前准备。

自身准备:穿好运动服、运动鞋。做好3~5分钟的腰腹部热身运动和拉伸运动。

器械准备:准备一个瑜伽垫。

(2)训练实施。

准备姿势:平躺在瑜伽垫(或健身凳)上,弯曲并抬起双腿。背部紧贴地面,双手放在胸前。

执行练习:收缩腹肌下侧,慢慢地让膝盖朝胸部靠近,同时让臀部离开瑜伽垫。然后缓慢地

图 4-1-10　　　　　　　　　　　图 4-1-11

放松臀部,双脚回到初始位置。

运动肌肉:腹直肌。

易犯错误:手部的位置不正确,降低了练习的难度。

纠正方法:保持双手轻轻放在胸前,并且全程保持腹部收紧。

6. 上斜反向卷腹(图 4-1-12、图 4-1-13)

图 4-1-12　　　　　　　　　　　图 4-1-13

(1)练前准备。

自身准备:穿好运动服、运动鞋。做好 3~5 分钟的腰腹部热身运动和拉伸运动。

器械准备:准备一个健身凳,注意检查健身凳的稳定性。

(2)训练实施。

准备姿势:躺在下斜板上,双手抓住板头,两腿并拢抬起,略勾起脚尖。

执行练习:双脚并拢,臀部移向头部,使臀部距离板面 15~20 cm。全过程都要保证脊柱贴紧板面。双腿尽量向头部靠近,保持膝关节伸直,停顿 2 秒,然后缓缓回到初始位置,重复。

运动肌肉:腹直肌、髋部屈肌。

易犯错误:手臂发力,将身体往上拉。

纠正方法:手臂保持放松,双手固定抓住下斜板。

7. 健身球上侧向卷腹(图 4-1-14、图 4-1-15)

(1)练前准备。

自身准备:穿好运动服、运动鞋。做好 3~5 分钟的腰腹部热身运动和拉伸运动。

图 4-1-14

图 4-1-15

器械准备：准备一个健身球，注意检查健身球的充气量。

（2）训练实施。

准备姿势：侧身躺在健身球上，一只手轻轻放在一侧的头上，另一只手放在腹部。

执行练习：胸部向髋部卷曲，同时脊柱保持侧屈，髋部向另一侧扭转。完成一侧卷腹后，对另一侧进行同样的训练。

运动肌肉：腹斜肌。

易犯错误：动作完成速度过快，没有主动控制离心力。

纠正方法：注意全程保持动作速度，控制动作的离心力和向心力。

评价与检测

一、评价

评价内容及标准	赋分/分	等级（请在相应位置画"√"）			
		优秀	较优秀	合格	待合格
能正确说出腹部肌肉的名称和位置	30	30	25	20	15
能用正确的方法配合器械进行肌肉训练	50	50	40	30	20
严谨、细致，具有责任意识	20	20	15	10	5
总分	100	实际得分：			

二、检测练习

（1）练腹肌时应在整个过程中保持腹部肌肉_____，不论是在动作的开头还是末尾，都不要让腹部肌肉_____。

（2）锻炼下腹部肌肉的动作有_____、_____、_____等。

拓展练习

任务一：腹部拉伸练习。

动作要领:

(1) 挺胸,腹部放松。

(2) 保持耻骨与地面始终接触。

(3) 缓缓抬起上身,直到腹部有拉伸感,保持20～30秒,做3组。

任务二:仰卧脊柱扭转。

动作要领:

(1) 平躺,屈膝抬腿,保持双膝并拢,大腿小腿成90°。

(2) 手臂平放在两侧地板上。

(3) 呼气,双膝水平倒向左侧地板,转头向右看。

(4) 吸气回正。再次呼气,倒向右侧,转头向左看。

(5) 每侧保持20～30秒,做3组。

小贴士

事实上,人体储存和利用脂肪的规律,目前还没有学者能研究清楚,不过很多学者的相关实验也都证实了"局部减脂不靠谱"。健身虽然可以帮助全身减脂,也可以让局部肌肉增长,让身体局部显得更紧致,但是做不到让局部真正的脂肪细胞减少。在健身的初期,腿看起来瘦了,但是局部的脂肪分布却没有改变,随着腿部肌肉的增加,你的腿反而会变粗。此外,人的脂肪细胞,在青春期之后就是定量的。也就是说,脂肪细胞的数量不再增长也不再消失,就那么多。因此,减脂只能从脂肪细胞的体积来下手,就是要求我们进行更多的有氧训练和力量训练来改变体型。

知识链接

腹部力量加强后对身体有好处吗?

1. 锻炼腹肌有助养成易瘦的体质 腹肌运动可降低人体的体脂比例,增加肌肉含量,提高基础代谢率,这样可以从根本上帮助练习者渐渐养成不胖的易瘦体质。但是要注意,养成易瘦体质和具体减肥瘦身还是有差别的。比如锻炼腹肌减肚子效果就非常小,因为皮下脂肪并不是靠局部锻炼减少的,想要减掉肚子上的赘肉最关键的是要通过全身性的有氧运动,然后加上局部锻炼,并配合好饮食才能从根本上解决。

2. 锻炼腹肌能够增强机体免疫力 经常锻炼腹肌可以加强身体机能,改善体质,免疫力也会得到增强,不容易生病。

3. 锻炼腹肌可缓解压力、愉悦身心 锻炼腹肌时可刺激内啡肽分泌,缓解精神压力,使人感觉愉快,精神状态也能得到很好的提升,这样也会提高工作和学习效率。

4. 锻炼腹肌能延缓衰老、提高寿命 运动可以让人变得更有活力,忘记烦恼,保持平和的心情,也会让人变得更自信、更健康。另外,运动可从各方面延缓衰老、延长寿命。

5. 锻炼腹肌可有效预防和改善便秘　腹肌锻炼通常是通过卷腹的形式实现的,而这种姿势有助于肠道蠕动,进而帮助排便,可预防便秘。

6. 锻炼腹肌能帮助强化和锻炼意志力　练就完美的腹肌绝不是一朝一夕就可办到的,需要的是长期的坚持,这其中的辛苦没有一定的耐力和意志力根本无法承受。所以,经常锻炼腹肌或健身的人的意志力也比一般人强。

任务二

腰部肌肉的锻炼方法

≡▶ 任务描述

通过器械锻炼、徒手锻炼等方法增强腰部肌肉群的耐力,以便适应工作需求,减少腰部疼痛的发生。

≡▶ 学习目标

1. 知道腰部肌肉锻炼的方法,掌握腰部肌肉练习的动作和注意事项。

2. 学会科学地运用2~3种器械锻炼和徒手锻炼,提高腹部肌肉的力量及耐力,提高腰部肌肉的耐力水平,达到强化肌肉的目的。

3. 具有不畏艰难、坚韧不拔、追求卓越的品质,以及团队意识和责任意识。

≡▶ 相关知识

一、腰部肌肉的基本构造

腰部脊柱是一根独立的支柱,其前方为松软的腹腔,附近一般只有一些肌肉、筋膜和韧带等软组织,而无骨性结构保护,既承受着人体二分之一的重力,又需要从事各种复杂的运动,故腰部在承重和运动时,因过度的负重、不良的弯腰所产生的强大拉力和压力,容易引起腰段脊柱周围的肌肉、筋膜和韧带损伤。腰背部的扭伤多发生在腰骶、骶髂关节和腰背两侧骶棘肌。腰骶关节是脊柱运动的枢纽,骶髂关节则是连接躯干和下肢的桥梁,腰背两侧的肌肉和韧带是维持脊柱稳定的重要因素。

二、腰肌劳损产生的原因

慢性腰肌劳损是一种累积性损伤,主要由于腰部肌肉疲劳过度,如长时间弯腰工作,或习惯性姿势不良,或长时间处于某一固定体位,致使肌肉、筋膜及韧带持续牵拉,肌肉内的压力增加、血供受阻,这样肌纤维在收缩时消耗的能源得不到补充,产生大量乳酸,加之代谢产物得不到及时清除,积聚过多而引起炎症、粘连。如此反复即可导致组织变性、增厚及挛缩,并刺激相应的神经而引起慢性腰痛。

烹饪专业的学生进入企业工作后,长期弯腰工作、长时间固定体位等情况时常发生,因此学生有必要了解腰肌劳损产生的原因及表现。

三、腰肌劳损的临床表现

（一）腰部疼痛

长期反复发作的腰部疼痛，呈钝性胀痛或酸痛不适，时轻时重，迁延难愈。休息、适当活动或经常改变体位姿势可使症状减轻。劳累、阴雨天气、受风寒湿影响则症状加重。

（二）腰部活动

腰部活动基本正常，一般无明显障碍，但有时有牵掣不适感。不耐久坐久站，不能胜任弯腰工作。弯腰稍久便直腰困难。

任务实施

利用哑铃和杠铃锻炼腰部肌肉群

1. 山羊挺身（图 4-2-1、图 4-2-2）

图 4-2-1　　　　　　　　　　　　　　　图 4-2-2

（1）练前准备。

自身准备：穿好运动服、运动鞋。做好 3～5 分钟的腰腹部热身运动和拉伸运动。

器械准备：检查器械是否完好，调节到适当的位置。

（2）训练实施。

准备姿势：身体俯卧在器械架上，保持身体自然向下弯曲并感觉下背有拉伸（向下自然弯曲时根据个人的身体情况选择弯曲的角度），双手放在头后。

执行练习：集中下背肌群的力量将上半身挺起，并保持上半身与器械在同一平面，稍停，再慢慢还原至起始位置。

运动肌肉：竖脊肌（又称骶棘肌）、臀大肌。

常见错误：背部弯曲过度，动作速度太快。

纠正方法：保持背部挺直不要放松，放慢动作速度，保持离心力。

2. 负重哑铃体侧屈（图 4-2-3、图 4-2-4）

（1）练前准备。

自身准备：穿好运动服、运动鞋。做好 3～5 分钟的腰腹部热身运动和拉伸运动。

器械准备：检查器械是否完好，找到一个重量合适的哑铃，检查卡扣是否牢固。

图 4-2-3　　　　　　　　　　　　　图 4-2-4

（2）训练实施。

准备姿势：身体保持直立，一只手握哑铃，另一只手叉腰。

执行练习：身体重心慢慢向手握哑铃方向侧屈，保持腰侧肌群的收缩，稍停，然后再回到起始位置。

运动肌肉：腹斜肌。

常见错误：背部弯曲过度，动作速度太快。

纠正方法：保持背部挺直不要放松，放慢动作速度，保持离心力。

3. 杠铃站姿转体（图 4-2-5、图 4-2-6）

图 4-2-5　　　　　　　　　　　　　图 4-2-6

（1）练前准备。

自身准备：穿好运动服、运动鞋。做好 3~5 分钟的腰腹部热身运动和拉伸运动。

器械准备：检查杠铃重量是否合适、卡扣是否牢固。

（2）训练实施。

准备姿势：将杠铃架在双肩后面，双手握住它的两端。

执行练习：保持头部不动，向一个方向尽可能大幅度地转动上半身和肩膀。在转到极限的姿势上保持一段时间，再让躯干和肩膀尽可能大幅度地向另一个方向转动。

运动肌肉：腹斜肌、竖脊肌。

常见错误：身体前后摆动，动作速度太快。

纠正方法：保持核心持续紧张，放慢动作速度，保持离心力。

杠铃站姿转体操作示范

4. 屈腿硬拉（图 4-2-7、图 4-2-8）

图 4-2-7　　　　　　　　　　　　　　图 4-2-8

（1）练前准备。

自身准备：穿好运动服、运动鞋。做好 3~5 分钟的腰腹部的热身运动和拉伸运动。

器械准备：检查杠铃重量是否合适、卡扣是否牢固。

（2）训练实施。

准备姿势：双脚按外八字形站立，杠铃放在身前，屈膝俯身，双手正握杠铃，握距约与肩宽或宽于肩，头稍抬起，挺胸，腰背绷紧，翘臀，上体前倾约 45°。

执行练习：用力伸膝提铃，稍停，然后屈膝缓慢下降还原。为提高锻炼效果，屈膝下降杠铃时不让其触及地面。拉到最高点时，双肩尽量向外展开，抬头挺胸，停顿 2 秒。

运动肌肉：竖脊肌。

常见错误：背部弯曲，低头，重心靠前。

纠正方法：保持核心持续紧张，略抬头，脚跟发力将杠铃向上拉。

5. 俯卧两头起（图 4-2-9）

图 4-2-9

（1）练前准备。

自身准备：穿好运动服、运动鞋。做好 3~5 分钟的腰腹部的热身运动和拉伸运动。

器械准备：准备瑜伽垫（小垫子），铺在平整的地面上。

(2) 训练实施。

准备姿势：趴在瑜伽垫上，手臂及双腿伸直。

执行练习：依靠背部发力，将上身和腿部向上抬起，下腹紧贴瑜伽垫，保持身体不要晃动。尽量收缩背部，坚持30～45秒。

运动肌肉：竖脊肌。

常见错误：核心未收紧，膝关节弯曲，肘关节弯曲降低了动作难度。

纠正方法：保持核心持续紧张，手臂和腿尽量伸直。

评价与检测

一、评价

评价内容及标准	赋分/分	等级（请在相应位置画"√"）			
		优秀	较优秀	合格	待合格
能正确说出腰部肌肉的名称和位置	30	30	25	20	15
能用正确的方法配合器械进行肌肉训练	50	50	40	30	20
严谨、细致，具有责任意识	20	20	15	10	5
总分	100	实际得分：			

二、检测练习

（1）慢性腰肌劳损是一种_____损伤，主要由于腰部肌肉_____。

（2）做俯卧两头起动作时，依靠_____发力，将上身和腿部向上抬起，_____紧贴地面，保持身体不要晃动。尽量收缩背部，坚持30～45秒。

拓展练习

任务一：腹部收缩训练。

动作要领：

（1）仰卧屈髋屈膝位，正常呼吸，无屏气及深呼吸，肚脐主动下沉，沉到最大程度的时候保持10秒，放松10秒。重复20次。

（2）该动作主要锻炼腹横肌，它是很多训练的基础，也可在站立、行走或坐位时训练。

任务二：四肢交替撑地训练。

动作要领：

（1）跪趴在垫上，双手双脚与肩膀同宽，将对侧肢体分别向上举，保持5～10秒后慢慢放下。

（2）保持头部不伸展或屈曲，背部保持水平，避免身体向两侧晃动。两侧轮流进行。

小贴士

腰部是支撑人体上半身的重要部位,腰部承受了身体非常大的重力负荷,特别是在弯腰和跑动的时候。腰椎前方只有松软的腹腔,周围仅有一些肌肉、筋膜和韧带,无骨性结构的保护,因此腰椎和腰肌很容易受到损伤或者感染疾病。据文献报道,大约80%的人在其一生中都会有腰痛的经历。可以说,腰痛是医生接触得最多的疾病。大多数腰痛是由腰部肌肉、肌腱扭伤或者腰椎间盘突出引起的。

知识链接

腰部力量加强后对身体有什么好处?

1. 提高核心力量 锻炼腰部力量能有效增强核心力量,提高运动中上肢和下肢的协调性,这样会让身体有更好的控制能力和平衡能力,帮助做更多有效的训练。

2. 解压 现代社会正在快速发展,多数人都承受着各种压力,适当的健身训练可以释放生活中的压力。相关健身协会的研究发现,在进行有氧运动的时候,体内会产生一种名为内啡肽的物质。这种内啡肽可以让精神处于一个相对轻松愉快的状态,帮助排解压力。

3. 减少腰部受伤 腰背部肌肉是维持腰椎稳定性的重要结构之一,强壮的腰背部肌肉就像脊柱的强有力的保护伞,有助于维持及增强脊柱的稳定性,可以有效地预防急慢性腰部损伤和腰痛的发生。曾经有过急慢性腰肌损伤、腰肌筋膜炎、腰肌劳损或者腰椎间盘突出症等腰椎疾病的患者,加强腰背肌的锻炼,对于疾病康复就显得更为关键。

任务三

大腿前侧肌肉群的锻炼方法

▶ 任务描述

通过器械锻炼、徒手锻炼等方法增强大腿前侧肌肉群的耐力,以适应强度较大的岗位工作需求,避免腿部前侧发生疼痛。

▶ 学习目标

1. 知道大腿前侧肌肉群的名称、位置以及肌肉工作原理。

2. 能科学地运用2~3种器械锻炼和徒手锻炼提高大腿前侧肌肉群的耐力,达到强化肌肉的目的。

3. 具有不畏艰难、坚韧不拔、追求卓越的品质,以及团队意识和责任意识。

▶ 相关知识

股四头肌是人体最大、最有力的肌肉。它由四个头即股直肌、股中间肌、股外侧肌和股内侧肌组成,肌腱构成人体最大的籽骨——髌骨和髌骨韧带。股四头肌的功能是使小腿伸、大腿伸和屈,伸膝(关节)屈髋(关节),并维持人体直立姿势。

烹饪专业的学生因岗位工作需要,经常会持续站立2小时以上,此肌肉群的耐力对适应岗位工作和下肢稳定起到关键作用。

(1) 缝匠肌:全身最长的肌肉,呈扁带状,起自髂前上棘,向内下经大腿前面达膝关节内侧,止于胫骨上端内侧面。

运动原理:屈髋关节和膝关节,并可使已屈的关节旋内。

(2) 股四头肌:全身体积最大的肌肉,四个肌头为股直肌、股内侧肌、股外侧肌和股中间肌。其中,股中间肌被股直肌覆盖(图4-3-1)。

运动原理:为强有力的伸膝关节的肌肉,股直肌还能屈髋关节。

(3) 阔筋膜张肌:位于大腿上部前外侧,起自髂前上棘,肌腹被包在阔筋膜的两层之间,向下移行为髂胫束,止于胫骨外侧髁。

运动原理:紧张阔筋膜并屈大腿。

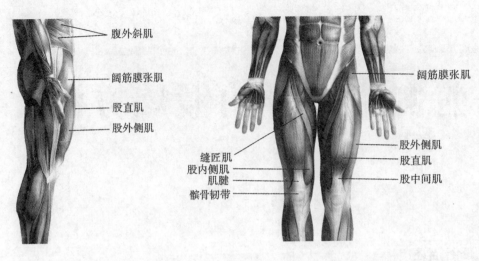

图 4-3-1

任务实施

一、利用固定器械锻炼大腿前侧肌肉群

1. 器械练习伸展腿（图 4-3-2、图 4-3-3）

图 4-3-2　　　　　　　　　　　图 4-3-3

（1）练前准备。

自身准备：穿好运动服、运动鞋。腿部脚踝进行 3～5 分钟的热身和蝴蝶式拉伸活动。屈膝坐下来，脚底相对，背部平直，轻轻地将双手放在膝盖上，将臀部和膝盖向下靠近地面。时间：20～30 秒，均匀呼吸。注意在拉伸过程中保持背部挺直。

器械准备：检查器械是否完好，拉力带有无磨损，重量单位是否"归零"。

（2）训练实施。

准备姿势：锻炼者坐在固定器械上，身体背部靠在椅背上，双臂放松垂直于身体两侧，脚踝前部放在垫上。膝关节靠住长凳边沿。

执行练习：双腿负载脚踝上的重物慢慢向上伸展至极限，然后再将腿部还原至初始位置。在放下重物时吸气，完成上提时呼气。

运动肌肉：股四头肌、股直肌、臀三角肌、股后肌群、股二头肌。

常见错误：动作太快以寻求动力；下放重物至器械的极限；移动重物时扭臀或转膝。锻炼者进行屈膝或复原运动时选取过重的负重练习。

纠正方法:放慢动作节奏,体会发力顺序;下放重物时保持力量均衡;身体保持正直,腰部固定不要晃动。

2. 器械练习史密斯机器下蹲(图 4-3-4、图 4-3-5)

图 4-3-4

图 4-3-5

器械练习史密斯机器下蹲操作示范

(1)练前准备。

自身准备:穿好运动服、运动鞋。腿部脚踝进行 3~5 分钟的热身和冲刺式拉伸。左腿在前屈膝 90°,右手抓到右脚脚面或踝关节,并向后腰部慢慢拉伸。换另一侧重复。时间:20~30 秒,均匀呼吸,注意在拉伸过程中保持背部挺直。

器械准备:检查器械是否完好,拉力带有无磨损,重量单位是否"归零"。

(2)训练实施。

准备姿势:面部朝前站立,双脚略宽于臀部,微微外倾。将衬垫放在斜方肌和三角肌上。

执行练习:双膝保持与脚在一条直线上,然后外屈至大腿与地面近乎平行。保持背部伸直,下背可以略微弓起。在运动到最下方时,膝关节不超过脚尖位置。注意身体重心落于脚心外。下蹲时吸气,起立时呼气。

运动肌肉:股四头肌、臀大肌、股后肌群、内收肌、腓肠肌、下背肌及沿脊柱肌群。

常见错误:背部弯曲,压迫背部;负荷过重练习深蹲;运动到高点时将膝挺直。

纠正方法:收腹挺腰;重量由轻到重;身体到高点时膝关节要小于 180°。

3. 双臂哑铃过顶深蹲(图 4-3-6、图 4-3-7)

(1)练前准备。

自身准备:穿好运动服、运动鞋。腿部脚踝进行 3~5 分钟的热身和怀抱婴儿式拉伸。坐在地板上,双腿并拢,挺直背部,左、右手臂同时抱住右腿,慢慢拉到胸前,换另一侧腿重复动作。时间:20~30 秒,均匀呼吸。

器械准备:检查器械是否完好,找到两个重量一样的哑铃,检查卡扣是否牢固。

双臂哑铃过顶深蹲操作示范

图 4-3-6　　　　　　　　　　　　　　图 4-3-7

(2) 训练实施。

准备姿势：身体直立，双手各持一个哑铃，将其上举到头部上方，手臂自然伸直。目视前方，挺胸收腹，膝盖略微弯曲，背部挺直，双脚八字开立与肩同宽。

执行动作：保持哑铃上举状态，弯曲膝盖，向下深蹲，同时吸气。臀部向后，背部保持平直，将重量放在脚跟，膝盖尽量不要超过脚尖，并与脚尖成一条线，在身体柔韧性可承受的范围内持续下蹲，直至极限。在底部稍停留，站起回到准备姿势，同时呼气。

运动肌肉：股四头肌、臀大肌、内收肌、骨后肌群。

常见错误：在下蹲过程中膝盖超过脚尖。

纠正方法：保持腰部放松，屈髋。

二、利用自由重量练习腿部前侧肌肉群

自由重量练习杠铃下蹲（图 4-3-8）。

图 4-3-8

(1) 练前准备。

自身准备：穿好运动服、运动鞋。腿部进行 3~5 分钟的热身和拉伸活动。

器械准备：检查杠铃重量是否合适、卡扣是否牢固。

(2) 训练实施。

准备动作：双脚站立略宽于肩，目视前方，双腿微微前倾（腿部转动角度在 20°左右）掌心朝上抓举杠铃举于头部后面。

执行动作：膝关节与双脚保持平行的同时向外弯曲直至大腿与地面平行。收缩腹部与后背

下方肌肉。脚跟保持与地面接触。屈膝的同时吸气,然后屏住呼吸直至动作做到顶点再呼气。深呼吸后再重复以上动作。

运动肌肉:股四头肌、臀大肌。

常见错误:弓背前后移动,膝关节脱离自然运动轴心运动;以过低的蹲姿结束练习;下蹲动作时膝关节过于前倾超出脚尖。

纠正方法:准备姿势挺胸收腹,发力时立腰,膝关节不要外展过大;下蹲时保持大腿与地面平行,大腿与膝关节夹角不要小于90°;下蹲时重心保持微向后,腰部挺直。

(3) 保护帮助见图4-3-9。

图 4-3-9

①保护者站在深蹲者身后,待深蹲者将杠铃扛下后,双臂从深蹲者腋下穿过并向前做弯举姿势,将双手放于深蹲者胸肌外沿,向后退一步。

②保护者随深蹲者下蹲的速度一同下蹲,当感觉深蹲者力量不支或腿部哆嗦时,保护者双肘锁死,双掌托住深蹲者胸肌外沿,手臂发力用肘向上托起,保持深蹲者躯干挺直,同时保护者利用双腿的发力帮助深蹲者完成动作。

③保护者不要双手伸到深蹲者腋下做托举,由于腋下富含大量神经,深蹲者腋下受压迫后手臂会发麻,反而降低其手臂的控制力,容易造成危险。

评价与检测

一、评价

评价内容及标准	赋分/分	等级(请在相应位置画"√")			
		优秀	较优秀	合格	待合格
能正确说出大腿前侧肌内群的名称和位置	30	30	25	20	15
能运用正确的方法通过器械进行相关肌肉训练	50	50	40	30	20
严谨、细致,具有责任意识	20	20	15	10	5
总分	100	实际得分:			

二、检测练习

（1）器械练习伸展腿时常见错误：动作太快以寻求动力；下放重物至器械的极限；移动重物时_____或_____。

（2）器械练习坐式蹬腿时常见错误：在下放重物时臀部上提，离开台面；在运动最高点时将器械练习史密斯机器下蹲常见错误：背部_____，负荷_____。

拓展练习

任务一：箭蹲前踢的动作。

动作要领：

（1）脚尖与膝盖保持同一方向，下蹲膝盖不要超过脚尖。

（2）后腿膝盖不触及地面。

（3）踢腿力量和幅度适中。

（4）挺胸收腹。

任务二：前后移动深蹲的动作。

动作要领：

（1）挺胸收腹，收紧臀部。

（2）脚尖与膝盖保持同一方向，下蹲膝盖不要超过脚尖。

小贴士

大腿前侧的肌肉出现酸痛，主要因大腿前侧的股四头肌出现拉伤以及劳损，由于在进行户外运动的时候没有适当热身，肌肉比较紧张，在这种情况下进行剧烈运动以及频繁的腿部活动，就会导致股四头肌过度牵拉，出现拉伤以及劳损的情况。并且出现这种情况时往往伴有受凉，受凉之后血液循环减慢。肌肉受凉会出现紧张，在血液循环减慢之后炎性代谢产物会出现堆积，刺激到周围的末梢神经就会出现肌肉酸痛的感觉。常常在进行户外活动之后因出汗而不注意保暖导致汗液逐渐蒸发，局部肌肉处于受凉状态，炎性代谢产物进一步堆积，可加重这种酸痛感。

知识链接

我们为什么要练肌肉？

说起练肌肉，很多人会想起健美运动员大块的肌肉和运动员发达的肌肉，其实肌肉很简单，它是每个人身上都会有的组织，是"好的组织"。肌肉经负重与训练，可以逐渐被增强、变大；但相反地，也会因为缺乏训练、受年纪增加的影响，逐渐流失。

为什么说肌肉是"好的组织"呢？

第一，肌肉搭配骨骼系统产生动作，支配人体活动，任何的动作都需要肌肉完成，简单到行、走、坐、卧，强有力的肌肉可让你在做这些动作时更便利轻巧！

不管你是上班族、家庭主妇、退休人群、学生，人人都需要肌肉，这里指的"肌肉"并非健美选手身上大块、漂亮、有形的肌肉，而是可以发挥功能、协助你完成生活大小事的肌肉。

例如：家庭主妇需要"肌肉"提菜篮、打扫卫生；退休人群喜爱种花草、蔬菜，也需要"肌肉"，肌肉可帮助我们在长期弯腰、蹲下时，不会轻易喊腰酸背痛、走几步就喊累。

同时，肌肉又是我们身体的保镖，有力的肌肉能让你身体的其他组织在对抗压力时不易受损，比如不小心的摔倒和撞击。

第二，肌肉能燃烧热量而脂肪不能，当身体的肌肉组织越多，整体的基础代谢越有效率，也就越不容易发胖。

任务四

大腿后、内侧肌肉群的锻炼方法

▶ 任务描述

通过器械锻炼、徒手锻炼增强大腿后、内侧肌肉群的耐力,以适应高强度岗位工作需求,避免腿部因工作而出现不适症状。

▶ 学习目标

1. 知道大腿后、内侧肌肉群的名称、位置以及肌肉工作原理。
2. 学会科学地运用3~4种器械锻炼大腿后、内侧肌肉群,以达到强化肌肉耐力的目的。
3. 培养勇于挑战、不畏艰难的品质和相互学习、珍重友谊的精神。

▶ 相关知识

大腿后、内侧肌肉群在站立、行走、跑动时,起着很重要的作用。在足未着地时,有助于定位足跟着地,也有助于准确地做出踢球动作。而在足着地时,这些肌肉则有助于稳定和保持骨盆的姿势。大腿内侧有肉一方面是因为脂肪含量较高,另一方面是大腿内侧没有进行针对性锻炼,导致大腿内侧的肌肉弱。

烹饪专业学生因工作原因需长时间站立,锻炼大腿后、内侧肌肉有助于保护骨盆的稳定。

(一)大腿后侧肌肉群及运动原理

1. 股二头肌 有2头,长头起自坐骨结节,短头起自股骨嵴中部,两头会合,以腱止于腓骨小头。

运动原理:可以屈小腿、伸大腿;屈膝时外旋小腿,受坐骨神经支配。

2. 半腱肌 起自坐骨结节,向下止于胫骨上端的内侧。

运动原理:此肌与股二头肌、半膜肌在骨盆固定时,可屈小腿和伸大腿;并可内旋小腿。受坐骨神经支配。

3. 半膜肌 半膜肌位于大腿后侧、半腱肌的深面,以扁薄的腱膜起自坐骨结节,终止于胫骨内侧髁后面。

运动原理:伸髋关节、屈膝关节并微旋内,由坐骨神经支配。

(二)大腿内侧肌肉群

1. 长收肌 起自耻骨上支前面、耻骨肌下方,止于股骨粗线内侧唇中1/3部(图4-4-1)。

第四单元 职业健体——稳定性训练

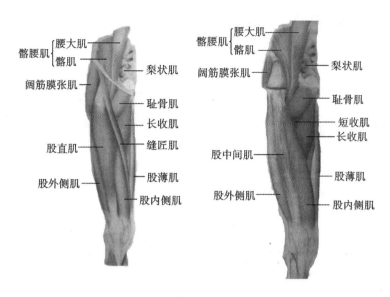

图 4-4-1

运动原理:内收、外旋、微屈髋关节。

2. 短收肌 短收肌位于耻骨肌和长收肌深层。

运动原理:远固定时,两侧收缩,使骨盆前倾。

3. 大收肌 大收肌位于大腿的内侧,其前面上方为短收肌,下方为长收肌,内侧为股薄肌,后面紧贴半腱肌、半膜肌和股二头肌,为内收肌群中最宽大者,呈三角形。

运动原理:近固定时,使髋关节内收和外旋。远固定时,两侧收缩,使骨盆后倾。

任务实施

大腿后、内侧肌肉群的锻炼方法如下。

1. 器械卧式腿弯举(图 4-4-2、图 4-4-3)

图 4-4-2

图 4-4-3

器械卧式腿弯举操作示范

(1)练前准备。

自身准备:穿好运动服、运动鞋。腿部进行 3~5 分钟的热身和拉伸活动,如前屈折叠式动作。

动作步骤:坐在地板上,双腿并拢伸直向前折叠臀部,大腿、小腿保持紧贴地面,运动时间:20~30 秒,均匀呼吸,注意在拉伸过程中保持背部挺直,膝关节不要弯曲。

器械准备：检查器械是否完好，重量单位是否"归零"。

（2）训练实施。

准备姿势：面部朝下卧于器械凳面上，臀部向上微屈，双手扶住握柄或者凳面边缘固定身体。滚筒置于跟腱位置上，膝关节脱离凳面，与器械中轴线保持平行，脚趾向下。

执行练习：运动开始时，腿部处于伸直状态，接近于地面水平，通过屈膝尽力带动滚筒上升至最远处。在腿部肌肉完全伸展开之前，不要将滚筒下放。下放滚筒时吸气，完全屈膝动作时呼气。

运动肌肉：股二头肌、股后肌群、股薄肌。

常见错误：下放时过度伸展膝关节；膝关节与器械中轴未能保持平行。

纠正方法：下放时膝关节夹角小于170°；上提重物时放慢速度，保持身体准备姿势。

2. 自由重量练习硬拉（图 4-4-4、图 4-4-5）

图 4-4-4

图 4-4-5

（1）练前准备。

自身准备：穿好运动服、运动鞋。腿部进行3~5分钟的热身和拉伸活动。

器械准备：检查杠铃重量是否合适、卡扣是否牢固。

（2）训练实施。

准备姿势：双腿微张直立，掌心向下，正手握杠铃于腹部间，双眼直视前方。身体前屈降低重心，不要弓背或与杠铃分离。

执行练习：在下蹲时，足跟而非脚趾可以感受到压力。重点关注大腿后部的臀部外展肌肉而非背部肌肉。重心下移时吸气，上移时呼气。重复动作前做深呼气。

运动肌肉：臀大肌、股后肌群、内收肌群。

常见错误：弓背；膝盖弯曲；选取负重不当。

纠正方法：保持背部挺直，抬头平视前方；膝关节夹角保持准备姿势；初学者选取的负重应大于自身体重的三分之一，小于自身体重的二分之一。

3. 后踢腿（图 4-4-6、图 4-4-7）

（1）练前准备。

自身准备：穿好运动服、运动鞋。腿部进行3~5分钟的热身和拉伸活动。

器械准备：检查练习平台（瑜伽垫）有无破损，地面是否平整无杂物。

第四单元 职业健体——稳定性训练

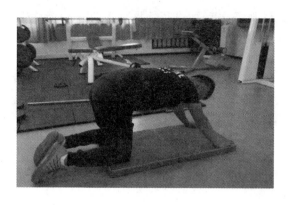

图 4-4-6

图 4-4-7

（2）训练实施。

准备姿势：双膝跪在练习平台（瑜伽垫）上，双手或双肘支撑身体，提起一侧膝盖，然后往后踢。

执行动作：踢出的腿保持稍高于身体平面即可，注意不要弓背。自然呼气，也可在后踢时吸气。

运动肌肉：半膜肌、半腱肌、股二头肌长头、臀大肌、臀中肌。

常见错误：腿部离开平台后弓背；练习次数不够，运动幅度不够大。

纠正方法：保持躯干平行于地面；练习次数应为高密度次数；练习时可利用镜面观察运动幅度，随时调整。

4. 仰卧臀桥（图 4-4-8）

仰卧臀桥操作示范

图 4-4-8

（1）练前准备。

自身准备：穿好运动服、运动鞋。腿部进行3～5分钟的热身和拉伸活动。

器械准备：检查练习平台（瑜伽垫）有无破损，地面是否平整无杂物。

（2）训练实施。

准备动作：面部朝上背躺于练习平台，屈膝，双脚并拢。

执行动作：提臀使双肩与双脚承受身体所有重量。对于初学者，此方法没有负重训练，可以作为一个简单、舒适、安全的热身运动。如果想要提高训练强度,可将一条腿伸直,用另一条腿牵引提升整个躯干和大腿。

运动肌肉:臀大肌、股后肌群、下背肌肉。

常见错误:弓背。

纠正方法:保持后背直挺,靠腿部发力。

小贴士

初次锻炼者遵循小重量多组数的练习原则,以巩固运动姿态为主。

▶ 评价与检测

一、评价

评价内容及标准	赋分/分	等级(请在相应位置画"√")			
		优秀	较优秀	合格	待合格
能正确说出大腿后、内侧肌肉的名称和位置	30	30	25	20	15
能运用正确的方法通过器械锻炼或徒手锻炼进行大腿后、内侧肌肉群训练	50	50	40	30	20
勇于挑战、相互学习	20	20	15	10	5
总分	100	实际得分:			

二、检测练习

(1) 器械卧式腿弯举常见的错误为下放时过度伸展_____;膝关节与器械中轴未能保持_____。

(2) 硬拉时常见的错误动作_____、_____、_____。

▶ 拓展练习

任务一:硬拉摇摆的动作。

动作要领:

(1) 挺胸收腹,收紧臀部。

(2) 脚尖与膝盖保持同一方向,下蹲时膝盖不要超过脚尖。

(3) 保持动作速度平稳。

任务二:直立体前屈的动作。

动作要领:

(1) 抬头挺胸,腰背平直。

(2) 动作速度保持平稳。

(3) 髋关节向后小幅度移动。

(4) 头部和颈部夹角不变。

> 知识链接

腿部力量加强后的好处

好处一:增加全身的力量。

腿部可以说是全身力量最大的地方,潜力也是最大的,力量举、举重、投掷,这些力量项目靠的主要都是腿力。而且不管你是做什么动作,需要大力量发力的时候,你的腿部绝对是参与的,所以增加腿部力量,可以很大程度地提高你的全身力量。

好处二:促进肌肉生长。

很多人想练肌肉,不管是胸肌、腹肌、肱二头肌,但发现长得都很慢。这时候如果加入了腿部训练,你就会发现,肌肉生长明显提高。因为锻炼腿部肌肉时,可以最大限度地促进睾丸激素分泌,睾丸激素是长肌肉的必备激素,从而加速肌肉的生长,这不仅仅只针对腿部,对全身肌肉都是有好处的。

好处三:提升身体协调性。

腿部肌肉占了全身肌肉群的60%,如果我们只顾着上半身增肌,下半身就相对显得薄弱很多。从对称的角度来说,锻炼腿部肌肉强化下肢力量可以提升身体的协调性。再如,我们看武侠电影的时候,练功讲究腰马合一,扎马步其实就是为了锻炼腿部肌肉,强调的就是加强全身的核心力量。

好处四:提高基础代谢率。

人体的基础代谢率,很大程度上是由身体肌肉决定的,锻炼腿部的肌肉,能消耗更多的热量,带来长时间的持续燃脂效应。这样对于身体脂肪的控制会有非常好的效果,也意味着你的体脂率会降低,腹肌也会更加明显,所以为了腹肌你也应该锻炼腿部肌肉。

好处五:延缓衰老。

人老腿先老,锻炼腿部肌肉能显著降低衰老速度,比如大名鼎鼎的深蹲博士何渭斌,46岁时还能深蹲1014磅。现在他60多岁了,仍然像年轻人一样强壮健康。

任务五

小腿前侧肌肉群的锻炼方法

≡▶ 任务描述

通过器械训练、无负重锻炼增强小腿前侧肌肉群的耐力,以适应较高强度的工作需求,避免因工作而产生小腿不适症状。

≡▶ 学习目标

1. 知道小腿前侧肌肉群的名称、位置以及肌肉工作原理。
2. 能运用3~4种器械进行负重或无负重科学锻炼,锻炼小腿前侧肌肉群,达到增强肌肉耐力的目的。
3. 具有不畏艰难、坚韧不拔、追求卓越的品质,以及团队意识、责任意识。

≡▶ 相关知识

小腿前侧肌肉群位于小腿前外侧皮下,紧贴胫骨外侧面,外侧上方与趾长伸肌、下方与踇长伸肌相邻(图4-5-1)。起自胫骨外侧面上2/3及邻近的小腿骨间膜。肌束向下移行于长腱,经踝关节前方,至足的内侧缘,止于第一楔骨及第一跖骨基底部。此肌收缩,使足伸(背屈)、内翻及内收(在走、跑时)。另外,还有维持内侧足弓的作用。采用负重勾脚等练习,可发展胫骨前肌、趾长伸肌等小腿前侧肌肉群的力量。

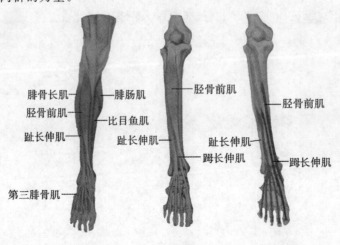

图 4-5-1

烹饪专业属于久站型岗位,因此,锻炼小腿肌肉可避免诱发静脉曲张。

1. 趾长伸肌 起自胫骨内侧面的上 2/3 和小腿骨间膜,向下至足骨分为四条腱,分别止于第 2～5 趾背移行为趾背腱膜,止于中节和远节趾骨底。由此肌另外分出一个腱,经足背外侧止于第五跖骨底的肌肉,称为第三腓骨肌。

运动原理:足伸及外翻,踝关节伸。

2. 胫骨前肌 起自胫骨外侧面,肌腱向下经踝关节前方,至足的内侧线止于内侧楔骨和第一跖骨底的肌肉。

运动原理:踝关节处伸。

3. 姆长伸肌 位于前二肌之间,起自腓骨内侧面及其邻近骨间膜,肌腱经足背,止于姆趾远节趾骨底。

运动原理:趾伸及足伸和内翻。

4. 腓骨长肌 位于小腿外侧皮下,紧贴腓骨的外侧面,为双羽肌。起自腓骨头、腓骨上 2/3 的外侧面和小腿深筋膜。肌束向下移行为长的肌腱,经外踝后方、跟骨外侧面及腓骨肌下支持带转至足底,斜行于足的内侧缘,止于第一楔骨和第一跖骨基底部。此肌收缩,可使足跖屈和外翻。腓骨长肌腱与胫骨前肌腱共同形成一个肌袢,维持足的内、外侧足弓及横弓。腓骨长肌受腓浅神经支配。

运动原理:协助足在踝关节处屈。

5. 腓骨短肌 可以使足在踝关节处屈和足外翻及维持外侧足弓。起点:腓骨外侧面下方。止点:第五跖骨底。支配神经:发自脊神经骶丛的腓浅神经。机能:使足在踝关节处屈和足外翻及维持外侧足弓。

运动原理:参与维持站立姿势。

▶ 任务实施

利用自由器械锻炼小腿前侧肌肉的方法如下。

1. 趾长伸肌、胫骨前肌负重(图 4-5-2、图 4-5-3)

图 4-5-2   图 4-5-3

趾长伸肌、胫骨前肌负重操作示范

(1)练前准备。

自身准备:穿好运动服、运动鞋。腿部进行 3～5 分钟的热身和拉伸活动,如前屈折叠式动作。

准备活动：坐在地板上，双腿并拢伸直向前折叠臀部，大腿、小腿保持紧贴地面，运动时间：20~30秒，均匀呼吸，注意在拉伸过程中保持背部挺直，膝关节不要弯曲。

器械准备：检查杠铃片重量是否符合要求（5~10 kg）。

（2）训练实施。

准备姿势：膝关节成90°坐立，脚后跟落于一杠铃片之上。脚背上置一杠铃片。

执行练习：尽可能将脚提升约30°。保持这个姿势片刻，然后再将脚放下，自然呼吸。

运动肌肉：胫骨前肌、趾长伸肌。

常见错误：步骤不完整，运动速度过快。

纠正方法：降慢运动速度。

2. 平衡器训练（图 4-5-4、图 4-5-5）

平衡器训练
操作示范

图 4-5-4　　　　　　　　　　　　　　图 4-5-5

（1）练前准备。

自身准备：穿好运动服、运动鞋。腿部进行3~5分钟的热身和拉伸活动。

器械准备：检查平衡器是否损坏。

（2）训练实施。

准备姿势：将一个平衡器置于身前。

执行练习：双脚站于平衡器上，努力保持身体平衡。尽可能久地保持平衡。

注解：此项练习旨在增强小腿肌肉及身体的平衡能力。

3. 𧿹长伸肌训练（图 4-5-6、图 4-5-7）

𧿹长伸肌训练操作示范

（1）练前准备。

自身准备：穿好运动服、运动鞋。腿部进行3~5分钟的热身和拉伸活动。

器械准备：检查支撑物体是否牢固。

（2）训练实施。

准备姿势：身体成30°~40°倾斜，重心放在支撑物上，前脚掌接触地面。

执行练习：双脚掌缓慢抬起，脚跟离开地面10~15 cm后，脚掌缓慢下降，脚跟不要与地面接触。重复练习。自然呼吸。

运动肌肉：胫骨前肌、𧿹长伸肌。

常见错误：重心过低，影响拉伸力度。

图 4-5-6

图 4-5-7

纠正方法：挺胸抬头，提高重心。

小贴士

少次数练习，执行动作保持较长时间后再还原。

4. 腓骨长、短肌训练（图 4-5-8）

（1）练前准备。

自身准备：穿好运动服、运动鞋。腿部进行 3~5 分钟的热身和拉伸活动。

器械准备：无器械。

（2）训练实施。

准备姿势：挺胸收腹，腰背平直。

执行动作：膝盖自然微屈、膝盖与脚尖保持同一方向，保持此动作 20 秒后换腿重复练习。

常见错误：弓背。

纠正方法：收腹、挺胸、眼睛平视前方。

图 4-5-8

腓骨长、短肌训练操作示范

评价与检测

一、评价

评价内容及标准	赋分/分	等级（请在相应位置画"√"）			
		优秀	较优秀	合格	待合格
能正确说出小腿前侧肌肉群的名称及位置	30	30	25	20	15
能运用正确的方法通过器械锻炼或徒手锻炼进行相关肌肉训练	50	50	40	30	20
严谨细致、相互学习纠正	20	20	15	10	5
总分	100	实际得分：			

二、检测练习

（1）小腿前侧肌肉群的肌肉有_____、_____、_____。

（2）小腿前侧肌肉群的共同功能为_____、_____。

拓展练习

任务一：前后踮脚尖。

要求：小腿持续紧张，在最高点停留，顶峰收缩。

任务二：坐姿拍脚尖。

要求：脚跟着地，同时勾脚尖并拍击地板，感受胫骨前面部分肌肉的收缩感觉。

知识链接

如何拥有良好的睡眠质量

我们知道，睡眠在生长发育和健身锻炼中起到了非常重要的作用。简而言之，无论你器械锻炼多么卖力，跑了多远的距离，只要没有睡好，都是无用功。

下面介绍4个动作可放松全身帮助睡眠。

1. 排风式 来自瑜伽的一个动作，这个动作1分钟就能让脊椎放松。要求如下。

平躺在床上。

双臂抱膝，深吸一口气。

双臂收紧，将膝盖向腹部压，呼气。

双臂放松，大腿和膝盖放松，深吸一口气。

轮流做这个动作，深呼吸8~10次，约1分钟。

2. 双腿靠墙 也是很常见的一个放松动作，但并不是所有人都知道这个动作的正确做法。要求如下。

仰卧，双腿举起靠墙，约成90°。

双臂向两边展开,让胸腔打开,更舒服地呼吸。

放松,自然呼吸。

保持这个姿势1~2分钟。

可以在屁股下面垫一个枕头或者叠过的毛巾。

3. 波浪练习　要求如下。

平躺仰卧,卷两个毛巾,一个垫在腰后,一个垫在颈后,脚同时向一个方向左右摆动,身体放松;同时头部也一起摆动,仿佛身体呈一个扭动的S形或C形,怎么舒服怎么做。动作幅度不用太大,身体保持放松。

4. 仰卧放松式　要求如下。

仰卧,双手掌心向上。

在颈后放一个叠起的毛巾或枕头。

从脚到头,慢慢放松身体,感受身体各部分肌肉的紧张,然后放松。仿佛在扫描整个身体。

慢慢呼吸,做20次。

任务六

小腿后侧、内侧肌肉群的锻炼方法

≡▶ 任务描述

通过器械锻炼增强小腿后侧、内侧肌肉群的耐力,以适应高强度岗位工作需求。

≡▶ 学习目标

1. 知道小腿后侧、内侧肌肉群的名称、位置以及肌肉工作原理。

2. 学会科学地运用3~4种器械进行负重锻炼小腿后侧、内侧肌肉群以达到强化肌肉耐力的目的。

3. 具有不畏艰难、坚韧不拔、追求卓越的品质,以及团队意识、责任意识。

≡▶ 相关知识

小腿后侧肌肉,主要由小腿三头肌、趾长屈肌、踇长屈肌、胫骨后肌构成。作用是屈小腿和上提足跟,在站立时,能固定踝关节和膝关节,以防止身体向前倾倒。

烹饪专业属于久站型专业,长时间站立会影响到小腿后侧、内侧肌肉群的形态,进而影响到整个身体姿态。为保持身体姿态稳定,不影响岗位工作,需加强锻炼此肌群。

小腿后侧肌肉包括小腿三头肌、趾长屈肌、踇长屈肌和胫骨后肌。

1. 小腿三头肌(图4-6-1)　位于小腿后面皮下浅层,特别发达,使小腿后部隆起,主要由腓肠肌和比目鱼肌构成。该肌有三个头,腓长肌两个头,比目鱼肌一个头。

运动原理:踝关节屈,小腿膝关节处屈,维持人体直立姿势。

2. 趾长屈肌　位于小腿深层内侧,羽状肌。

运动功能:屈2~5趾协助足内翻。

3. 踇长屈肌　位于小腿深层外侧,羽状肌。

运动原理:踝屈、趾屈、协助足内翻。

4. 胫骨后肌　位于小腿三头肌深层,为羽状肌。

运动原理:足内翻,协助踝关节屈。

≡▶ 任务实施

利用固定器械锻炼小腿后侧、内侧肌肉群方法如下。

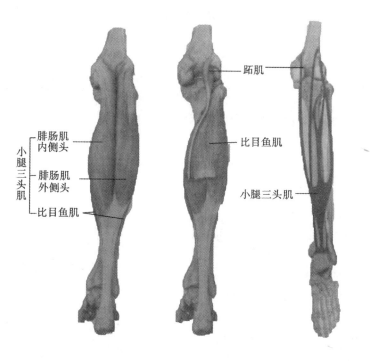

图 4-6-1

1. 坐姿提踵（图 4-6-2、图 4-6-3）

图 4-6-2

图 4-6-3

坐姿提踵操作示范

（1）练前准备。

自身准备：穿好运动服、运动鞋。腿部进行 3～5 分钟的热身和拉伸活动，如前屈折叠式动作。动作步骤：坐在地板上，双腿并拢伸直向前折叠臀部，大腿、小腿保持紧贴地面，运动时间：20～30 秒，均匀呼吸，注意在拉伸过程中保持背部挺直，膝关节不要弯曲。

器械准备：检查器械是否完好。

（2）训练实施。

准备姿势：身体坐于器械上，双手握住手柄。

执行练习:膝关节成 90°坐在器械上,放松脚后跟。然后尽量提升脚后跟。保持姿势1~2秒,然后再放下脚后跟。自然呼吸。

运动肌肉:比目鱼肌、胫骨前肌、趾长屈肌。

常见错误:未能控制好负重还原;重复练习次数不足;负重选取过轻;在成套动作完成之前先移开一只脚(也就是先移开脚后再卸掉负重)。

纠正方法:还原时姿势与发力时的运动路径一致;每组 6~8 次;负重应选自身重量的二分之一;还原到起始点时双脚同时卸掉负重以免受伤。

2. 负重站姿提踵(图 4-6-4、图 4-6-5)

图 4-6-4

图 4-6-5

(1)练前准备。

自身准备:穿好运动服、运动鞋。腿部进行 3~5 分钟的热身和拉伸活动,如前屈折叠式动作。动作步骤:坐在地板上,双腿并拢伸直向前折叠臀部,大腿、小腿保持紧贴地面,运动时间:20~30 秒,均匀呼吸,注意在拉伸过程中保持背部挺直,膝关节不要弯曲。

器械准备:检查器械是否完好。

(2)运动步骤。

准备姿势:双脚与臀部齐宽站立,双脚脚掌踩在凸起平台台面上。

执行动作:从最低点位置开始,提升脚后跟带动整个身体尽可能向上提,升到顶点后再缓慢下放至初始位置。为保护膝关节,膝关节可以稍稍弯曲。可以选择自然呼吸。如果下放身体时吸气,上升到顶点时呼气,这样有助于保持运动节奏。

运动肌肉:腓肠肌、比目鱼肌、腓骨短肌、趾长屈肌、胫骨后肌。

常见错误:还原动作未能掌控好负重;重复练习次数不够;选取负重过重;双脚脚跟没有同时与地面接触。

纠正方法:还原时身体保持直立;练习次数 6~8 次;选取重量为自身体重的三分之一;屈膝卸下重物,双脚同时下落;双脚前脚掌踩在器械踏板上。

3. 无负重站姿提踵(图 4-6-6、图 4-6-7)

(1)练前准备。

自身准备:穿好运动服、运动鞋。腿部进行 3~5 分钟的热身和拉伸活动,如前屈折叠式动

图 4-6-6　　　　　　　　　　　　　图 4-6-7

作。动作步骤：坐在地板上，双腿并拢伸直向前折叠臀部，大腿、小腿保持紧贴地面，运动时间：20～30秒，均匀呼吸，注意在拉伸过程中保持背部挺直，膝关节不要弯曲。

器械准备：检查器械是否完好。

（2）训练实施。

准备姿势：两脚与臀部同宽站立，两脚的前脚掌站于哑铃片边缘。

执行动作：双膝微屈，自己控制幅度缓慢下放身体。下放身体时吸气，上提身体时呼气，有助于保持身体运动节奏。也可以选择自由呼吸。

运动肌肉：腓骨长肌、腓骨短肌、胫骨后肌、趾长屈肌。

常见错误：反复练习次数不够；前脚掌着地；足部扭曲；站立位置移动。

纠正方法：保持身体直立动作要缓慢，练习次数6～8次；保持前脚掌踏在哑铃片上；足部保持不动，脚尖向前；站立位置保持在运动初始位置。

评价与检测

一、评价

评价内容及标准	赋分/分	等级（请在相应位置画"√"）			
		优秀	较优秀	合格	待合格
能正确说出小腿后侧、内侧肌肉群的名称和位置	30	30	25	20	15
能运用正确的方法通过器械锻炼或徒手锻炼进行相关肌肉训练	50	50	40	30	20
严谨细致、相互学习	20	20	15	10	5
总分	100	实际得分：			

二、检测练习

（1）坐姿提踵常出现的问题有_____、_____、_____、_____。

（2）站姿提踵常出现的问题有_____、_____、_____、_____。

拓展练习

任务一：前后滑步的动作。

动作要领：

（1）挺胸收腹，腰背平直。

（2）有短暂腾空。

（3）手臂自然摆动，脚尖着地。

任务二：热身放松跳的动作。

动作要领：

（1）挺胸收腹，身体保持放松。

（2）跳跃落地时膝关节保持自然微屈。

小贴士

小腿抽筋后通常都伴有小腿三头肌的疼痛，实际上是因为小腿抽筋的时候小腿肌肉剧烈收缩导致肌肉或者是筋膜小的损伤。

这种情况按照小腿肌肉的拉伤来处理，急性期疼痛可以适当地给予非甾体类的消炎药，或者口服中药或活血化瘀的药物，24小时以后或者是后期可以通过热敷或者理疗的办法来缓解疼痛，小腿如果持续疼痛，可以做一些适度牵拉来缓解疼痛。

知识链接

锻炼腿部肌肉的注意事项和禁忌如下。

1. 注意饮食　人的腿长得是否健美，虽与先天遗传有关，但在很大程度上取决于后天的有意识锻炼。如果双腿太粗，建议控制饮食，少吃糖、脂肪和咖啡等刺激性的食品，多吃新鲜蔬菜和水果。因为蔬菜和水果中富含水分和膳食纤维，能帮助人体改善双腿的线条。还应当多吃含有维生素E的食品，可使腿部肌肉充满活力而不松弛。植物油、瘦肉类、乳类、蛋类、绿叶菜及各种干果中都含有丰富的维生素E。

2. 避免受热　不要用太热的水洗澡。避免将腿部长时间暴露在日光下。

3. 注意鞋跟　穿高跟鞋可造成腿部肌肉、韧带长期处于紧张收缩状态，不利于腿部血液循环。即使是穿高跟鞋，跟高也不宜超过4 cm。

任务七

HIIT 核心功能练习

▶ 任务描述

通过 HIIT 核心功能练习提高运动者心肺功能、减去脂肪,以便更好地适应高强度的岗位工作需求。

▶ 学习目标

1. 知道 HIIT 锻炼的目的及意义。

2. 学会运用 6～8 种 HIIT 核心锻炼的动作进行自我锻炼,提升个人健康技能,学会自我健康管理。

3. 具有不畏艰难、坚韧不拔、追求卓越的品质,以及团队意识和责任意识。

▶ 相关知识

HIIT 全称 high-intensity interval training,意为高强度间歇性训练。HIIT 是有氧训练的一种,训练时间通常为 4～30 分。HIIT 是在运动中进行高强度训练和低强度训练的交替。HIIT 与有氧减脂原理不同,低强度有氧运动在运动中直接消耗脂肪,而 HIIT 训练中不燃烧脂肪而是通过"持燃"作用消耗脂肪。

HIIT 的原理:在整个运动过程中,供能的主力并不是脂肪,其意义在于提高运动结束后 24～72 小时的静态代谢率,新陈代谢加快导致脂肪分解,从而达到减脂的目的。

HIIT 的优点:效率高。半个小时一般强度的 HIIT 带来的减脂效果会非常可观。相比需要 1 小时的有氧训练来说更加节约时间。

HIIT 的缺点:会分解肌肉。

下列 8 类非健美人群不适合 HIIT 运动。

(1) 存在已知心血管疾病人群,包括心脏、外周血管或脑血管疾病等。

(2) 存在已知肺脏疾病人群,包括 COPD、哮喘、间质性肺病或囊性纤维化等。

(3) 存在已知代谢疾病人群。

(4) 休息或轻度活动会出现气短眩晕或晕厥症状人群。

(5) 端坐呼吸或阵发性呼吸困难人群。

(6) 存在脚踝水肿、心悸或心动过速、间歇性跛行和心脏杂音人群。

（7）过于肥胖或高龄人群。

（8）体能和心肺功能都较差的健身新手。

任务实施

一、适合初学者的基础动作（5个动作组合）

1. 原地滑冰（图 4-7-1、图 4-7-2）

图 4-7-1　　　　　　　　　　　　　　图 4-7-2

动作方法：将右膝弯曲成侧蹬，向后伸左腿，向前摆动左臂，向后摆动右臂。然后保持低位蹲，迅速将重心转移到左腿，变为左侧弓步，向前摆动右臂，向后摆动左臂。

要求：尽可能快地从一侧到另一侧重复滑冰动作，持续45秒。

2. 兔子跳（图 4-7-3、图 4-7-4）

图 4-7-3　　　　　　　　　　　　　　图 4-7-4

动作方法：双脚比肩略宽站立，举起双臂。向后跳跃，将手放在地板上，进入俯卧撑运动状态，完成一个俯卧撑。完成3~4个。

要求：身体完全舒展。

3. 坐姿收腿（图 4-7-5、图 4-7-6）

动作方法：坐在稳定的椅子或箱子的边缘，收紧腹部，弯曲膝关节成90°，脚尖接触地面，小臂

图 4-7-5　　　　　　　　　　　图 4-7-6

放于腰间,掌心向下。快速抬起膝关节触碰到手掌,同时躯干稍向后倾斜,保持 25～35 秒。

要求:保持匀速呼吸。

4. 交叉踢手(图 4-7-7、图 4-7-8)

图 4-7-7　　　　　　　　　　　图 4-7-8

动作方法:肩、腰、脚踝在同一直线上,保持在直臂平板支撑的位置。躯干向右转,迅速将右腿踢向左侧接触左手。继续交替两边,重复 45 秒。

要求:躯干呈水平。

5. 蝴蝶蹲(图 4-7-9、图 4-7-10)

动作方法:脚尖与膝盖保持同一方向,做深蹲姿势,将手臂向前伸出。快速起身,抬起双臂,踮起脚尖。然后立即返回到开始位置,并尽可能快地重复 10 次。

要求:下蹲呼气,起立吸气。

> **小贴士**
>
> 每个动作完成后,间歇期为 30 秒。

图 4-7-9　　　　　　　　　　　　图 4-7-10

二、适合有一定基础的提高动作（4 个动作组合）

1. 立卧撑跳 10 个（图 4-7-11）

图 4-7-11

动作方法：保持站姿，双膝微微弯曲。下蹲，双手着地。利用双手撑地，双腿向后蹬，身体呈现一个俯撑的姿势，完成一个俯卧撑的动作。双腿回收，保持下蹲姿势。身体向上跳起落地后站直。

要求：充分向上跳跃。

2. 开合跳 30 个（图 4-7-12）

(a)   (b)

图 4-7-12

动作方法：站姿跳跃，双脚往外张开约 1.5 个肩膀宽，双手往头顶方向击掌，注意手肘尽量伸直在头部两侧并夹紧，可同时使身体往上延伸。再跳一次后双脚并拢，双手拍大腿两侧，注意身体仍要往头顶方向延伸，尽量不要驼背。

要求：击掌时肘关节伸直。

3. 深蹲起 20 个（图 4-7-13、图 4-7-14）

图 4-7-13   图 4-7-14

动作方法：站立，抬头挺胸；双脚分开与肩同宽，双脚平行，脚尖向正前方；脚掌也可以是分开成一定的角度，约成 60°，但要保持下蹲时膝盖的方向与脚尖方向一致。身体慢慢往下蹲，直到大小腿的夹角小于 90°，但不要贴紧放松，70°～80°即可；然后大腿前面用力站起来，直到站直。

要求：下蹲呼气，起立吸气。

4. 凳上反屈伸 20 个（图 4-7-15）

动作方法：寻找一个大约与膝盖等高的板凳或者其他固定物；背对板凳方向；双手与肩同宽支撑于板凳边缘；腰背始终挺直，身体下沉至背部有轻微拉伸感时感受背阔肌和肱三头肌发力，

图 4-7-15

带动身体上升。下沉吸气,上升呼气。因为此动作涉及的肩关节活动幅度较大,为了避免不必要的损伤,要注意动作幅度不宜过大,应量力而为。

要求:躯干直立,不要含胸。

三、强化练习动作

1. 俯卧撑 12 个(图 4-7-16)

(a)　　　　　　　　　　　　　　　　(b)

图 4-7-16

动作方法:双手略宽于肩,双脚并拢,挺胸收紧腰腹部,然后屈肘让重心下降至胸部快贴近地面 1 cm 的位置,稍停,再集中胸大肌的力量快速推起。这种一般俯卧撑是最常用的,主要锻炼胸大肌。

要求:快速推起。

2. 深蹲跳 10 个(图 4-7-17)

动作方法:躯干挺直,正常站立位即可,不要超伸;在下蹲位略微前倾,并不是竖直于地面的;下蹲深度要求大腿上表面平行或者略低于水平面;膝关节可以微微超过脚尖,没必要强求,臀部后伸,像要坐在身后的椅子上一样;起来时双脚发力蹬地向上纵跳,之后平稳落地。

要求:充分纵跳。

图 4-7-17

3. 仰卧抬腿卷腹 20 个(图 4-7-18、图 4-7-19)

图 4-7-18

图 4-7-19

动作方法：头部放松，腹部持续紧张，保持下巴与颈部的夹角，肩部离开健身凳，大腿与地面垂直，小腿与地面平行，腰部始终贴地，臀部略微抬起。仰卧时吸气，卷腹时呼气，合理的呼吸是保证运动持久关键的因素。整个过程,颈部放松。卷腹时腹部收缩发力,上腹部收缩更加明显。

要求:躯干与地面水平。

4. 斜向后交替箭步蹲 10 个(图 4-7-20、图 4-7-21)

图 4-7-20

图 4-7-21

动作方法:双脚微微分开,收紧腹部核心,双手放于身体两侧,肩膀后缩下沉,上半身挺直,斜向后撤一侧腿并下蹲,重心位于两脚中间。下蹲至前侧大腿与身体成 90°,前侧大腿与小腿成 90°,后侧大腿与小腿约成 90°;略做停顿,前侧腿发力站起回到起始位置。双腿交替后撤,保持每次步幅大小相同,后侧腿膝盖不要着地。

要求:重心保持在身体中央。

5. 仰卧"两头"起(图 4-7-22、图 4-7-23)

图 4-7-22

图 4-7-23

动作方法:两头起时,四肢要自然伸直,不要弯曲膝盖,要同时起不要有先后;两头起时吸气,放下时呼气,不要有意憋气;初练时,协调性可能较差,手脚不能同时起或对折角度小(手脚碰不到一起)。随着时间的推移,动作做得更标准。作用:增加腰腹力量,提高身体的协调性。

要求:双腿下落控制好速度,脚跟不要触地面。

评价与检测

一、评价

评价内容及标准	赋分/分	等级（请在相应位置画"√"）			
		优秀	较优秀	合格	待合格
能正确说出 HIIT 练习的目的和效果	30	30	25	20	15
能学会 HIIT 基础组合动作练习	50	50	40	30	20
严谨细致、相互学习	20	20	15	10	5
总分	100	实际得分：			

二、检测练习

（1）HIIT 运动的优点是_____、_____、_____、_____。

（2）HIIT 运动适用于_____人群。

拓展练习

无负重练习：高密度(15～20 次)高组数(8～10 组)间歇 30 秒。

小重量(1～5 kg)练习：高次数(10 次以上)高组(8 组以上)间歇 30 秒。

小贴士

（1）患有或曾经患有心脏、血管、肝脏和肾脏的疾病，或者曾经出现过骨骼、脊椎的问题（比如两年内出现过骨折、腰椎间盘突出等），或医生建议过不要剧烈运动的人能否进行 HIIT 训练？

高强度间歇训练，正如它的名字一样，它是一个强度极高的训练，是绝对不推荐给身体没那么健康的人锻炼的。心脏、血管有疾病的患者在运动中可出现心搏骤停、血管破裂、堵塞的风险，重则致命。

（2）超重的人是否可进行 HIIT 训练？体重指数超过 25 甚至超过 28 能否进行 HIIT 训练？

体重指数超过 25 的人是不推荐进行 HIIT 的，因为 HIIT 中过半数的运动需要跳跃、蹲起。较高的体重会增加骨骼特别是下肢骨骼的压力，大幅度且急性的运动很可能会使得下肢骨骼、关节(特别是膝关节)出现骨裂、骨折、半月板损伤等。

（3）准备进行 HIIT 的人是否应有运动基础？

HIIT 是一个强度和训练量都很可观的训练，需要比较高的心肺功能、肌肉力量、耐力储备和协调能力。这里的运动基础是指具有较长时间耐力能力，比如能在 70% 最大心率的情况下跑 20 分钟；足够的力量，比如能够快速地做 20 个俯卧撑和蹲起，而不会有损伤或者无法完成的情况。

知识链接

间歇性训练

间歇性训练是在平原借助低氧仪让受训人员间歇性地吸入低于正常氧分压的气体，造成体内适度缺氧，从而导致一系列有利于提高有氧代谢能力的抗缺氧生理、生化适应，以达到高原训练的目的。在运动实践中，间歇性训练作为一种辅助训练手段，与常规训练穿插进行，能使受训人员的潜力得到最大限度开发，全面提高机体的代谢能力。

在中低强度的有氧训练中，间歇性训练冲击高强度训练，这样有利于身体更快地燃烧热量，这与身体吸收、利用氧气的功能有关。

跑友们议论跑步中如何掌握速度，实际上就是指身体对氧气的利用率。人体95%的能量（热量）消耗都来自食物的氧化反应，因此增加身体对氧气的利用率可以更快地燃烧热能。高原训练就是这个目的。

慢跑时氧气的吸收只会在前几分钟内增加，之后氧气的吸收将保持在一个稳定的水平。一旦开始了有氧运动，固定强度的定期训练将不再增加身体利用氧气的能力，这意味着新陈代谢达到了高原状态，这时可引入间歇性训练。在训练中加入短时间的高强度运动，就可以较大地增加氧气吸收量。而且训练后身体对氧气的吸收也大大增多。

在日常训练中穿插更长时间、更剧烈的间歇性动作，对心肺功能有较大的刺激。掌握间歇性训练，严格控制时间对专业运动员效果更好。

对于业余运动员、健身跑步者等以健身为目的的人，间歇性训练是以自己快乐跑而制订的间歇性训练，可称为跑停跑。跑的时间，跑的距离，停的时间全由自己制订，但必须刺激心肺功能，为再提高打下基础。所以跑停跑适合所有参加跑步的人。